福岡亮治 著

はじめに

私は以前、吉本新喜劇のお笑い芸人として活動していました。ところが、出演していたレギュラー番組の放送内で、ある先輩芸人の方に「他の教師にはない能力と経験を生かせ」という助言をいただいたのです。その助言通り、「笑いのプロ」ではなく、「笑いを取り入れた教育のプロ」を目指し、小学校教員を経て、現在は大学で教員養成を行っています。

笑いとは、「お笑い」だけを意味しているわけではありません。赤ちゃんを見ているだけで自然と笑みがこぼれたり、誰かが楽しそうなだけで、こちらも楽しくなったりするように、「楽しい」「幸せ」「安心」などからも笑いは生み出せます。「そんな笑いが、教育や育児の世界に広がれば！」と考え、私はエデュテイメントの実践研究をしています。本書では、エデュテイメントの視点に基づく実験や授業展開を紹介します。それは本編で語るのでこのくらいにしておいて、私のもう一つの研究の視点について語りたいと思います。

「仕事で忙しい学校の先生がサボる方法を考えたい」

私が大学教員になった理由を簡単に言うと、こうなります。

文部科学省が公表している公立学校教職員の人事行政状況調査によると、教育職員の精神疾患による病気休職者数は、毎回5千人程度と発表されます。そして、私自身も、リタイアした先生を何人も見てきました。

「夢をもち教師になった人たちがなぜ苦しまないといけないのか?」「どうすれば食い止めることができるのか?」私は、「忙しさ」を一つの要因ととらえ、その忙しさを回避する方法の一つとして、「うまくサボる」方法を模索し始めました。

「教育者がサボるなんてなんたることだ!」そんな反論がありそうですが、私が目指すのは、授業の質（教育の質）を落とさずに、短い時間で授業をつくる方法を考えることです。

本書では、「準備が簡素」「安価」「誰でも再現できる」実験や授業展開を紹介します。また、単純に面白いだけでは学びにはつながりませんので、「小学校の授業の内容とつながる」ことも意識して紹介しています（「第2章　摩擦熱でラーメンづくり」は例外的に中学校の実践）。

本書で紹介した「笑って学ぶ」実践を通して、救われる読者の方がいることを切に願っています。

第1章
エデュテイメントって何？

博物館やエンターテイメント業界で注目されている「エデュテイメント」という用語。これは「教育」と「娯楽」を組み合わせた造語です。要するに、「楽しく学ぶ」ということ。

子どもたちが主体的、自律的に学ぶことが求められているこれからの時代、授業にエデュテイメントを取り入れていくことで大きな効果が期待できます。

その1 エデュテイメントとは？

幼少期、親や先生に「遊んでばかりいないで、早く勉強しなさい」と言われたことはありませんか？　私はたくさんあります（笑）。

大人は「遊んでばかりいたら勉強ができない」と考えますが、子どもからしたら「勉強ばかりしていたら遊べない」となるはず。つまり、「学び」と「遊び」は対極にあるものととらえがちです。

ところが、「エデュテイメント（edutainment）」という概念が存在します。これは、「教育（education）」と「娯楽（entertainment）」を合わせた造語です。「学び」と「遊び」はけっして対極にあるものではなく、これらを融合させることができます。「子どもたちは遊んでいるつもりだけど、楽しんでいるうちに何かを得たり、学んだりする」という、素敵な教育手法なのです。

エデュテイメントの第一歩は、「不思議に思うこと」です。何か現象に出会ったときに

「なぜだろう？」「どうすればよいかな？」と思う、この瞬間から子どもたちのエデュテイメントはスタートします。そして、不思議を解明するために試行錯誤していく過程が「学び」となります。

例えば、虫捕りでは「どうすれば捕まえられるかな」、かけっこでは「どうすれば速く走ることができるかな」、ドッジボールでは「どうしたらボールを速く投げられるのかな」。これらの問いから、試行錯誤が始まります。そして、「カブトムシは（夜行性だから）暗い時間帯にいる」、「手の指をピンと伸ばして走れば（空気抵抗がなくなり）、速く走ることができる」、「助走をつけて投げれば（走るスピードが加わって）、ボールが速くなる」というように、誰に教えてもらうわけでもなく、答えを見いだしていきます。たとえ（　）の部分は理解していなくても、子どもたちは勝手に答えに至るのです。

しかし、目の前の不思議に気がつかない、疑問に思わないということも多いでしょう。そんなときには、周りの大人による仕掛けが大切です。難しいことではありません。大人が「なぜだろう？」とつぶやけば、子どもたちはたちまち不思議の世界にいざなわれます。その仕掛けを含めた、疑問や試行錯誤の流れこそがエデュテイメントなのです。

エデュテイメントという用語は、娯楽施設や博物館等ではよく使われています。理科教育で言うと、科学館での体験型展示やサイエンスショーなどが当てはまるでしょう。「科学館でサイエンスショーを見て楽しんでいたら、いつの間にか理科の知識が身についた」、これもエデュテイメントなのです。このように、世の中にはエデュテイメントがたくさん存在しています。

その2 社会の中のエデュテイメント

エデュテイメントは様々な場面で広がっています。特に、エンターテイメントの世界では、エデュテイメント施設が次々とつくられていたり、コンピュータゲームなどの学習ソフトが開発されていたりします。その一部を紹介しましょう。

1 様々なエデュテイメント施設

エデュテイメントという言葉を積極的に使っているのが、キッザニアと京都水族館です。キッザニアのホームページには、次のような説明がされています。

「キッザニアは、こども達が大人になりきって好きな仕事やサービスを体験できる、こどもが主役の街です。楽しみながら社会のしくみを学ぶことができる『エデュテインメント』がコンセプトです。」

また、京都水族館のホームページにも、次のようなコンセプトが掲げられています。

「展示だけにとどまらず、遊びながら学べるプログラムを実施。水と、水に棲（す）むいきものたちと親しめる、そんな総合エデュテイメント型施設をめざしています。」

ほかにも、動物園では、動物を見るだけでなく、飼育体験などのプログラムがたくさん企画され、触れ合いながら学べるような工夫がなされています。また、科学館では、展示だけでなく、科学を体験するプログラムがたくさん実施されています。同様に、美術館や歴史博物館等でも、楽しみながら学ぶ企画に力を入れるようになってきました。

さらに2006年には、パナソニックセンター東京内にリスーピアという理数系の体験型ミュージアムがつくられました。リスーピアのホームページには、「理数の原理・法則を楽しみながら学ぶことのできる日ごろの勉強とはひと味違った、『理数の不思議』発見の旅に出かけよう！」とあります。エデュテイメントという用語は使用されていませんが、遊びながら学ぶことをコンセプトにつくられたエデュテイメント施設と言えるでしょう。

また、日本にいながら、アメリカの文化や日常を通して楽しみながら英語を学べる体験型英語教育施設「OSAKA ENGLISH VILLAGE（ＯＥＶ）」というものもあります。この他にも、漢字ミュージアムや歴史博物館など、国語・算数・理科・社会・英語などの教科には、それに関わるエデュテイメント施設が存在しています。

2 コンピュータゲームでもエデュテイメント

任天堂が発売しているニンテンドーＤＳのソフトには、「脳を鍛える大人のＤＳトレーニング」や「英語が苦手な大人のＤＳトレーニングえいご漬け」などがあります。これらも、楽しみながら学ぶというコンセプトがエデュテイメントに当てはまります。さらに、任天堂は、テストや練習問題などの教材コンテンツを使いながら双方向的に授業を進めるための「ニンテンドーＤＳ教室」という授業支援システムも開発しました。

最近では、スマートフォンのアプリが各社から開発され、歴史や漢字の勉強など多岐にわたって、楽しみながら学ぶことができるようになりました。アプリは受験勉強でも使用される傾向にあり、最近は、「教員採用試験はスマホのアプリで勉強しました」という先生も増えてきています。「スマホで学んだ先生が子どもを教えるって大丈夫？」と、保護者に心配されそうですが、「楽しく要領よく学ぶことができる先生」も立派な先生になる資質を兼ね備えていると言えるのではないでしょうか。

❸ こんなエデュテイメントもある！

最近はお笑いの世界でも、エデュテイメントの発想を取り入れた活動を目にするようになってきました。松竹芸能は、芸人が先生になって授業を行うという活動をしています。松竹芸能のホームページには、次のようなコンセプトが示されています。

「『笑育（わらいく）』は、笑いの仕組みを学び、漫才づくりを通して発想力、コミュニケーション力などを身につけるプログラムです。これらの力を育み、これからの社会を楽しく歩んでいくためのヒントを『笑育（わらいく）』でつかんで欲しいと考えています。」

ちなみに、高校での初の実践として、大阪府立金岡高等学校で新教育課程「探究『笑育（わらいく）』」を実施したのですが、その授業に関する監修・助言は私が行いました。

他に、吉本興業でも「笑楽校」という取り組みがあるなど、エンターテイメント界でも「楽しく学ぶ」というコンセプトで活躍する人たちが増えてきています。

また、エデュテイメントを経営理念に掲げている会社もあります。「株式会社小学館集英社プロダクション」では、ドラえもんやポケモンなどの国民的なアニメキャラクターたちと一緒に遊びながら「わかる」に近づけることで、子どもたちの学習意欲を向上させることをねらいとしています。

そして、最近では、教員がお笑いを学び、教育に生かそうという取り組みもあります。東北福祉大学の上條晴夫教授が代表を務める「お笑い教師同盟」という組織は、「楽しみながら学ぶ」ことを研究しています。

4 エデュテイメントを分類してみると

左の表は、エデュテイメントを分類するために作成したマトリクスです。

横軸に、教育的な学び（義務教育における主要教科の学び）が高いか低いかを設定します。教育的効果が高ければ右の「エデュケーション」に、低ければ左の「エンターテイメント」に近づきます。縦軸に、予算・機器・人材・技能などの面で再現性が高いか低いかを設定します。つまり、誰でもできるか、どこでもできるかということを意味しています。この四象限を見ると、予算を大きく投じたエデュテイメント施設やソフトの開発など

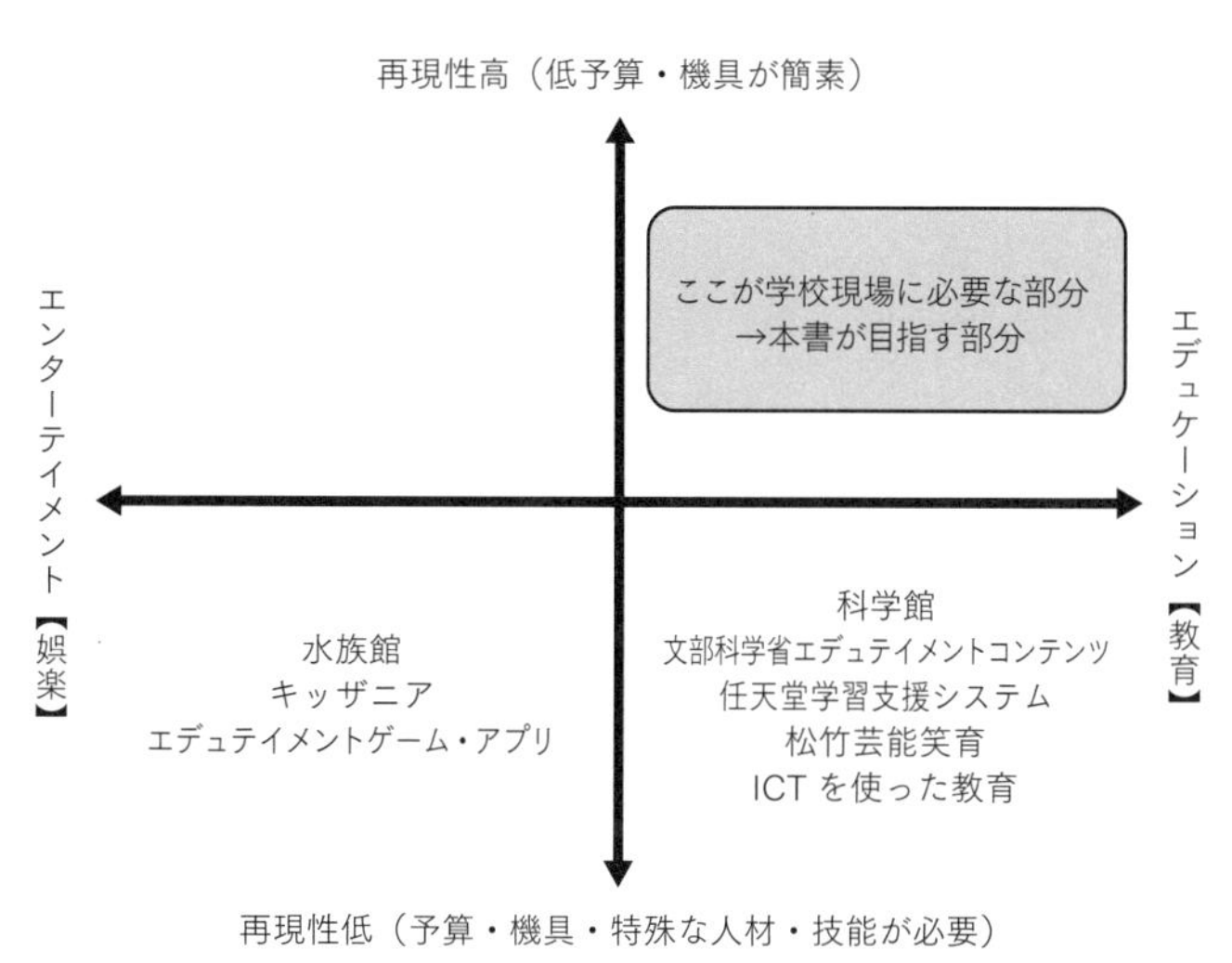

※分類は筆者によるもの

は、エンターテイメント、エデュケーションの両ジャンルで広がりつつありますが、先生が低予算で簡単に再現できるエデュテイメントの事例はまだまだ少ないことがわかります。本書では、まさにこの部分の向上を目指しているのです。

5 エデュテイメントの需要の高まり

私が以前勤めていた科学館では、来館者の低年齢化が始まっていました。その科学館では、小学校高学年から高校生を対象に展示品がつくられていましたが、休日は塾に通う子どもたちが増えたため、小学校高学年以上の来館数が激減したのです。その代わりに訪れるようになったのは、塾に通っていないもっと小さな子どもたち、小学校低学年どころか未就学児、もっといえばやっと言葉を覚え、歩くのもたどたどしいような子どもたちもいました。少子化により、保護者の教育投資意欲が高まり、早期教育が進んでいます。小学校の入学前に、英語・ピアノ・水泳などの習い事に通わせたり、学べる場所があれば積極的に親子で遊びに行ったりする家庭が多くなりました。これが、科学館の来館者が低年齢化している理由です。保護者の意識の高まりによって、遊ぶ時間でさえ学びの要素を求めるような時代になってきたのです。遊園地などが減少している一方で、教育をテーマにしたレジャー施設やイベント、企業提供の工場見学などが雑誌で特集されることが多くなりました。親子の遊び場として、エデュテイメントの需要は高まってきています。

その3 教育の中のエデュテイメント

1 エデュテイメントとの出会い

私は現在、大学教員をしていますが、以前は吉本興業に所属するお笑い芸人でした。吉本新喜劇の舞台に立ったり、テレビ番組のリポーターをしたりと、その道のプロを目指していました。ところがある時、番組の司会者でもある先輩芸人に、こんな助言を受けたのです。

「芸人として面白くないから今のままでは大成しないが、教師としては成功する。お前は生きた教材になれる。夢を語る教師になれ！」

この言葉に衝撃を受けた私は、それを機に、芸人としての活動をやめました。

それ以来、私は「笑いのプロ」ではなく、「笑いを取り入れた教育のプロ」を目指し、先輩芸人の助言通り、小学校の教員になりました。その後、科学館の職員を経て、現在は大学の教育学部で教員養成を行っています。

実は、「お笑い芸人」と「教師」には、たくさんの共通点があります。

・複数の人間に何かを伝える。
・相手のことを理解しないと、その「何か」を伝えることができない。
・楽しくないと成立しない。

そんなことを考えて、お笑いの世界で培った経験を教育の場でいかに応用するかを模索しながら、小学校や科学館で実践を積み重ねてきました。

そんなとき、とあるゲーム会社の方から連絡がありました。聞けば、私にインタビューしたいとのこと。「なぜ私が？」と思いつつも、インタビューを受けることにしました。そこで質問されたのが、「福岡先生が実践しているエデュテイメントについて教えてください」という内容です。私は正直言って、「エデュテイメントって何ですか？」という状態でした。これをきっかけに、「楽しみながら学ぶ」ことがエデュテイメントであることを知ったのです。そして、「お笑いの世界で培った経験を教育の場で応用し、小学校や科学館で実践してきた私の取り組み」そのものが、エデュテイメントであることに気がついたのです。それが、私とエデュテイメントとの出会いでした。

2 エデュテイメントはなぜ授業に必要なの？

では、「楽しみながら学ぶ」エデュテイメントを授業に取り入れること、これにはどんな効果があるでしょうか？

まず、子どもたちの学びの意欲を向上させ、クラスの雰囲気をよくすることができます。しかしながら、エデュテイメントの効果はこれだけではありません。これからの教育に求められる「主体的・対話的で深い学び」の実現に向けて、大きな効果を発揮するのです。

平成29年7月に告示された小学校学習指導要領解説総則の改訂の基本方針の一つに、「主体的・対話的で深い学び」の実現に向けた授業改善の推進が示されています。そこには、「これまで地道に取り組まれ蓄積されてきた実践を否定し、全く異なる指導方法を導入しなければならないと捉える必要はない」「通常行われている学習活動の質を向上させることを主眼とする」と書かれています。つまり、「今までにないすごい取り組みをしよう」ではなく、「今までの取り組みにひと工夫加えよう」ということなのです。エデュテイメントは、その「ひと工夫」になると私は考えています。そこで、本書では、新たな指導方法を導入するのではなく、現段階で存在する授業方法の底上げを行い、「主体的・対話的で深い学び」の実現に向けた授業改善の実践的方法を紹介します。私は、エデュテイメントで楽しい授業を実践すれば、以下のことが実現できると考えています。

・楽しい授業になれば、子どもたちの意欲が上がり、「主体的な活動になる」
・楽しく知識を得れば、思わず誰かに話したくなり、「対話が生まれる」
・楽しい学びの場があれば、継続して探究を行いたくなり、「深い学びにつながる」

エデュテイメントを授業に導入することは、「主体的・対話的で深い学び」の実現に大きく寄与すると考えられるのです。

3 授業で使えるエデュテイメントのテクニック

私は、エデュテイメントの実践をこれまでに数多く行ってきました。本書では理科の実践を紹介しますが、どんな教科においても大切なことがあります。まずは基本的なテクニックを紹介しましょう。「楽しく学ぶ」ことを実現するためには、子どもたちにどう接するか、どのように心をつかむかという点がとても大事なのです。

実践例① 子どもたちから話しかけられる先生になろう

教師自身のキャラクターがはっきりしていると、子どもたちは話しかけやすいものです。しかし、そのキャラクターは自然でなければなりません。自分に合わないキャラクターを設定すると、そのうち破綻してしまいます。特に、子どもたちとの出会いの場面で失敗すれば、その後の一年間に影響しかねません。そこで、自然な流れの中で子どもたちが楽しくなるようなキャラクター設定を行うことが大切でしょう。

新年度が始まると、子どもたちは「新しい先生ってどんな人だろう」と、教師から一歩離れて観察してきます。子どもとの距離を縮めるには、こちらから話しかけなければなりません。全員に話しかけるとなると、たくさんの時間が必要です。こちらから話しかけなくても、子どもが「話したい！」と思うような教師になることが大切なのです。

そこで思いついたのが、「シマシマ先生」です。方法はとても簡単。身につけるものをシマシマのものにするだけ。それでいて、効果的なキャラクター設定ができます。

私は、子どもたちとの出会いの日に、「先生は、シマシマが大好きです。いつも体のどこかにシマシマがあります。探してみてください」と伝えます。この日はなんと、靴下、シャツ、上着、ハンカチ、靴など身につけるものすべてをシマシマづくしで教壇に立ちます。相当なインパクトがあるので、子どもたちに「面白そうな先生だな」「話しかけてみたいな」と印象づけることができます。そして、翌日から毎朝、子どもたちは「先生のどこにシマシマがあるのだろう」と私に注目するようになりました。「先生！　シマシマ見つけたよ」とたくさんの子どもたちが話しかけてきます。会話を重ねることで信頼関係が深まり、安心して授業を受ける環境が出来上がっていくのです。

もちろんシマシマに限らず、水玉模様のものを身につければ「水玉先生」、赤いものばかりを身につければ「赤色先生」になるなど、その先生の趣味に合わせて応用することもできます。

実践例② まずは「ツカミ」が大切！

教員時代に、同じく教員の友人と漫才コンビを組み、あるお笑いの大会に出場したことがありました。我々の出番は後半だったので、舞台袖で他の出場者を偵察していると、舞台ではプロのコンビが演じているにもかかわらず、客席の反応が冷たいのです。その後も同じような状態は続きました。

では、我々コンビの結果はどうだったかというと、見事優勝！　一体なぜ優勝できたのでしょうか？

理由は、順番にあります。実は、我々の出番の一つ前のコンビが少し笑いをとったのです。その瞬間、お客さんの気持ちは「笑えない」から「笑いたい」に切り替わりました。「笑いたい」気持ちが膨らんできたタイミングで、ちょうど我々が登場したのです。たくさんの笑い声と拍手をいただき、優勝することができました。ちなみに、我々の前のコンビは準優勝。もし順番が入れ替わっていたら、結果も入れ替わっていたかもしれません。

まずは、「お客さんの気持ちをつかむ」ことが、一番大切なのです。お笑いでいうところの「ツカミ」です。授業でも「ツカミ」が大切なのです。ここで子どもたちが興味をもたないとすべてが台無し。

私は、音楽の授業の導入で、毎回こんな「ツカミ」をしています。

発声で大切なことは、声を響かせること。そのためには腹の底から声の出る「腹式呼吸」がポイントとなります。子どもたちには、このように指導します。

① **「せーの」**で息を吹こう。

「せーの」「ふっ」

②次は、「ハッ」と声を出そう。

「せーの」「ハッ」

しばらくして、こう声をかけます。

「あのころは」「ハッ」

これだけで子どもたちは大爆笑。和田アキ子さんのことを知らなくても、なんとなく雰囲気で笑ってしまうのです。恥ずかしがらずに、思いっきりやりましょう。ためらいがあると、スベッておしまいです。

「あのころは」「ハッ」
「あのころは」「ハッ」

これを繰り返すうちに、子どもたちは笑顔になり、「ツカミ」はバッチリ！　しかも、腹式呼吸もバッチリ！

これが、私の音楽の導入方法です。毎回行うので、飽きてきそうなものですが、1年間ずっと子どもたちは楽しんでいました。「継続できる」、これもエデュテイメントの魅力です。

これらのテクニックは、誰でもマネできる簡単なものです。お笑いを生かしたテクニックではありますが、「お笑い芸人にしかできないこと」ではなく、誰でも再現可能な取り組みなのです。

そして、何より大切なことは、ずばり「先生自身も楽しむこと」。エデュテイメントの実践のコツは、これにつきます。

4 エデュテイメントは理科授業でこそ輝く！

科学館やサイエンスショーなどでは、エデュテイメントがたくさん実践されています。サイエンスショーは通常、小学校の授業時間と同じ45分前後で実施しています。「45分間ずっと子どもたちが楽しめるサイエンスショーを、小学校の理科の授業にも応用できたら」なんて夢のように思いますが、それは現実に可能です。

２０００年前後からサイエンスショーのブームが起こり、ここ20年間でたくさんのネタが開発されています。その中には、「小学校の授業の内容とつながる」「準備が簡素」「安価」「分かりやすい」ネタも数多く含まれます。つまり、誰にも再現できて、小学校の授業にピッタリのネタもあるのです。

「科学の鉄人」というサイエンスショーの大会をご存じでしょうか？「小学生や中学生を対象にサイエンスプレゼンテーションを行い、いかに子どもを引きつけ科学の原理を分かりやすく理解させるかという技量」を競い合う大会です。私は、この全国大会で優勝したことがあります。つまり、理科教育におけるエデュテイメント実践のチャンピオン！
そんな私が、誰もが実践できる小学校理科のエデュテイメント型授業を紹介していきます。

参考ＵＲＬ

- キッザニア（体験型娯楽施設）
http://www.kidzania.jp/corporate/recruit/know/
- 京都水族館（体験型水族館）
http://www.kyoto-aquarium.com/concept/edu.html
- リスーピア
https://www.panasonic.com/jp/corporate/center/tokyo/risupia.html
- 小学館集英社プロダクション（ShoPro）
http://www.shopro.co.jp/corporate/
- 科学の鉄人in沖縄２０１７
http://www.sci-fest.org/index.html

第2章

マンガでわかる！エデュテイメントな理科授業

では、実際にエデュテイメントを取り入れた授業とはどのようなものでしょうか。

本章では、エデュテイメントな理科授業をマンガで紹介します。まずは、エンタメ要素の強い中学校のダイナミックな実験から。こんな大がかりな実験はマネできないよという先生も安心してください。もっと準備の簡単な教材や、市販のキットを使った例など、ほんのひと工夫で実践できるエデュテイメントな実践例も紹介します。

参考URL

・京都市青少年科学センター（理科オンライン辞典）
http://www.edu.city.kyoto.jp/science/online/index.html

マンガでわかる 理科授業 1

摩擦熱でラーメンづくり

まずは、エンターテイメント性の高い実践を紹介します。中学校の実践例ですが、エデュテイメントでこんなこともできるんだ!ということを、ぜひ小学校の先生にも知っていただきたいです。

下準備に少し時間がかかりますが、とっておきの場面で試してみたくなる実験です。

こんなにダイナミックな実験なら、生徒たちにとって忘れられない授業になるでしょう。

小学校の職員室
福岡先生～！
ガタッ
あれ、隣の中学の石川先生じゃないですか
いやぁ…
相変わらずいい筋肉ですねぇ
新任教師
そうでしょう！毎日ジムで鍛えてますから
ドヤッ
ムキッ
いや、…でも最近は行っていないんですけどね…
どうしました？
その、実は…
授業が、うまくいかないんです…
うっうっ…
知り合いの先生に相談したら…
福岡先生に聞いてごらん！
俺の授業も福岡先生のおかげで子どもたちに大人気なんだ！
いやーはっはっは!!
…って おっしゃって いました
なるほど…

この前の「仕事とエネルギー」の授業中も、子どもが寝ていたんです
すごくショックで…
ずいっ
いやいや、遊びながら学ばないと！
今回は「仕事とエネルギー」×体を動かしてエデュテイメント！
ドーン!!
体を動かす…？
そう！理科の実験は体を使って考える方が楽しくてわかりやすいんです
あの…
実験も体を使いますが…
もっと全力で、全身を使うんです!!
Noooo!!
!?
早速やってみましょう
今から火を使わずにお湯を沸かします
電気ポットですか？
えっ
ズルくないですか？
火を使わずって…まさか
ごくり…
なんでやねん！

ビニール傘と
ヒモを用意してください
★下準備★
①ビニール傘の
尖端のプラスチック
カバーを外す
②出てきた穴に
アルミホイルを
玉状にして入れる
③はんだを流す
この傘の尖端に
ビニールチューブを
つけて
水を入れます
そして、これを
ヒモでこすると…
★ヒモは1周
回す
わあっ!!
なんで!?
すごい！
湯気が
出ています！
まだまだ
いきますよ！
わあ～！
20秒で
お湯が沸いた！
どど
んっ
擦るという仕事が、
お湯を沸かせるための
熱エネルギーに
変換されるのです！
こんな身近なもので
できるんですね
なるほど…
早速
やってみます!!
ちょっと
待った！
だっ！

まだまだ話は終わってませんよ
フフ…
ガしっ
まだあるんですか？
ニッコリ…
ブフッ
今から、カップラーメンのお湯を沸かします！
えっ⁉
いやいや、さっきは少ない水だから沸いたけど、
ないない‼
まっさかぁ
カップラーメンを作るには足りませんよ…ってあれ？
しーん…
いない…
ジャーン！
スッ
なんか別の道具持ってきた
先ほどの実験は傘の先端の金属部分に水を入れてこするとお湯が沸きました
③ハンダがあることで水をためることができる！
②流し込んだハンダを固まらせる
①アルミを詰める
…えっと…つまり
…もっとたくさんのお湯が沸く…⁉
ごくり…
…ということは、長いパイプを使ったらどうなりますか？
その通り！
バーンッ

①1mの真鍮パイプ
②ヒモを8本かける
③思いきりこする
④少し持ち上げた入り口から水を入れると、重力で水は出口に向かう
入口
出口
8人でできるってことですね
お〜っ!
今から授業なので早速やってみます!
わく
わく
私もついていきましょう
理科室
中学校の理科室
摩擦熱実験機でいざ、実験!
①ヒモでこすると金属は100℃を超える
②そこに水を流すと水が温まる
③水の温度は流す水の量で調整できる
→少量を流せば高温になる
ワイ
ワイ
注水

④たくさんこすり、たくさんの熱エネルギーを作れば、水は沸騰する
★耐熱手袋を使用！
⑤沸騰したお湯がたくさんできればカップラーメンを作ることができる
完成!!
ピピッ
85℃
本当に作れた！
すごーい！
イッツエデュテイメント！
数日後
テスト採点中
ガラッ
ビクッ
福岡先生！先日はありがとうございました！
ぺこりっ
授業は大成功でしたね！
さらに、あれから摩擦熱実験装置で家でもカップラーメンを作っています
ズルル…
ルル…
光熱費ゼロのエコロジー生活です！
DOYA…
おおっ
いいですね〜
大丈夫？
でも、カップラーメンばかり食べていたら栄養のバランスが…

そこに関しては、大丈夫です
野菜やわかめも入れて、栄養のバランスはバッチリ！
さらに、熱実験装置で体も鍛えられるからジムもやめました！
うおおおっ!!
にょいんっ
すごい！
この鍛えられた筋肉を見てくださいよ
フフフ…
ムキ…
ムキッ…
上半身のみ
ひょろっ…
あらら…
栄養のバランスはとれていても筋肉のバランスがね…
どうです？
ちまっ…
では…
また来ますね！
さよーなら～
ま、いっか
さようなら…

「人力湯沸かし器」の作り方

金属パイプにロープを巻き付け、こすることで摩擦熱を発生させることができます。金属パイプ内に水を入れておくと、摩擦熱でお湯を沸かすことができます。

●ビニール傘湯沸かし器の作り方

ビニール傘の先のプラスチック部分を外すと、ステンレスの金属筒が現れます。この金属筒は傘の先から柄の部分まで空洞となっているので、次の方法で穴をふさいでから実験をしましょう。30秒間こすると写真のように67・4℃を示し、約1分間こすると沸騰します。

①金属筒の中に丸めたアルミホイルを詰め込み、傘の先から深さ約50㎜の空間を作る。

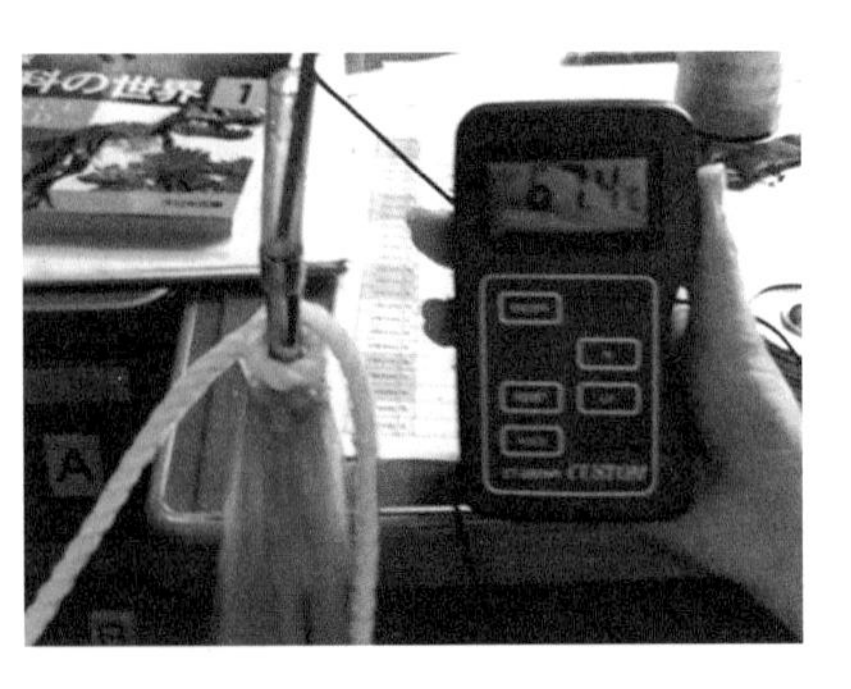

②その空間に溶かしたはんだを約10㎜分流し込み、傘の先から深さ約40㎜の空間を作る。
③水がこぼれるのを防ぐためにビニルチューブを取り付け、水を流し込む。
④金属筒部分にロープを巻き付けてこする。

●1ｍバージョン湯沸かし器の作り方

①ツーバイ材に首長ゲンコを23㎝間隔で取り付ける（合計5個）。
②真鍮パイプを通して固定する。
③首長ゲンコの間にロープを2本取り付ける。
↓合計で8本になり、8名が同時にロープでこすることができる。

首長ゲンコ

実験方法

①8名が各自1分間こする。こするときにロープが手に食い込み、怪我をする危険性があるので、必ず全員に軍手をさせる。
②1分後、真鍮パイプが熱くなるので、パイプの端に洗浄瓶の先を挿入し、水を流す。

※このときも、ロープでこする活動は続ける。

③水を流すペースは、１分間につき１００mL程度を目安とする。

④洗浄瓶と反対側の真鍮パイプの水の出口にカップラーメンをセットする。

⑤出てきたお湯の温度を熱電対温度計で計測し、80℃以下ならば、水を流すペースを落とし、80℃以上のお湯が出るように調整する。

⑥１分こすり続けると疲れてパフォーマンスが低下してくるので、１本のロープにつき3~5人担当とし、１分ごとに交代をする。

⑦カップラーメンの容器に４００mLのお湯がたまったら終了。

⑧カップラーメンの容器に蓋をして、３分間待ったらカップラーメンの完成。

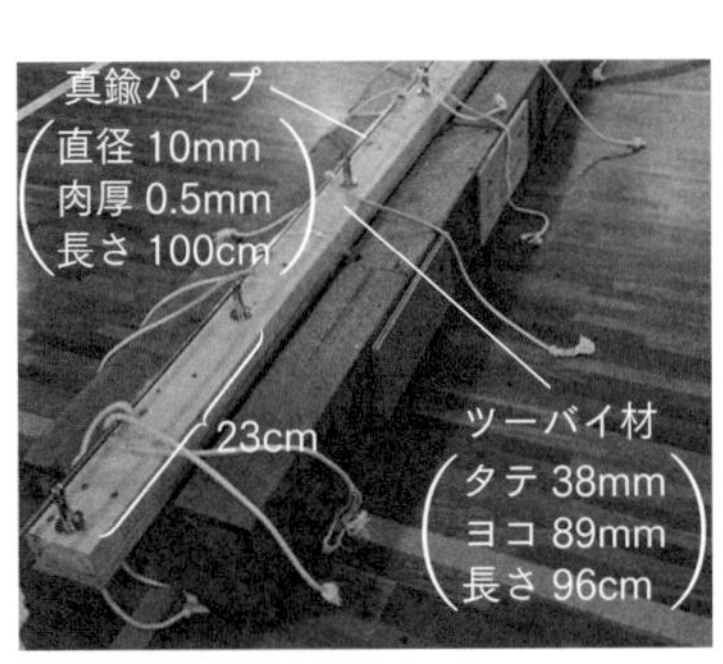

摩擦熱人力湯沸かし器の全体写真

洗浄瓶

「寒いから手をこする」「マッチをこする」「体育館で走って床にスライディングしたらジャージが溶けた」など、子どもたちの生活経験の中には様々な摩擦現象が存在します。フリクションペンも摩擦現象。フリクションペンのインクは60℃以上になると色が消える仕組みです。つまり、フリクションペンで紙をこするときには60℃以上の温度になっているのです。身近な摩擦をよりわかりやすくするために、「摩擦熱でラーメンをつくる」という授業を考えました。

お湯の出口で計測する熱電対温度計

註

本実験は、元北海道電力おもしろ実験室の伊良原国雄氏の実践を参考にしました。

マンガでわかる理科授業2

鉄くぎの不思議な動き
～3年「磁石の性質」～

エデュテイメントは、大がかりな装置を使った派手なサイエンスショーに限ったものではありません。実際の授業づくりにおいて、無理なく取り入れることも可能です。むしろ、そこにエデュテイメントの意義があるのです。

簡単な装置を使って、磁石の性質を捉えられる実践を紹介します。装置も作ることができますので、ぜひ真似してみてください。

福岡先生、
サイエンスショーはたしかに面白いですけど、
普段の授業ではなかなか真似できませんよ
大がかりな装置も用意できないですし…
それに、教科書と違うことをやったら意味がないんじゃないですか？
もちろん、教科書の実験でもサイエンスショーは可能ですよ！
今回は教科書実験×サイエンスショーのエデュテイメント！
教科書実験って、どの単元ですか？
小学校3年の「磁石の性質」です
ここに鉄くぎが2本あります
では、この2本の鉄くぎをくっつけてください
んっ
はい
え…
…
えーーと…

こすってみる
たたいて みる
バン
バン
ハンドパワァ〜〜
しーん…
…鉄と鉄をくっつけるなんて無理です！
心折れます!!
わーっ
私ならできますよ！
その鉄くぎでやってみましょう
スッ
ピタッ
すごい！僕にもやらせてください
しーん…
え〜、なんで？
俺きらわれてるので
わかった！この箱があやしい！
ビシッ
おおっ
よくぞ気づきましたね！
いや、見るからに怪しいでしょ
それでは、緑の箱には何が入ってますか？
★箱が無いと
落ちる！
★箱があると
上につく！

ズバリ
磁石です！
ピンポ～ン!!
正解！
なるほど！鉄は磁石にくっつけると磁石になるんですね
そうなんです 厳密に言うと、くっつけなくても・・・
磁力がある範囲内ならば磁石になります
そっ・・・
ポトッ
すごい！ 磁石の力で鉄くぎが立った
さて、突然ですが、ここでクイズです！
今、箱の上で鉄くぎが立ちました
さて、２本目はどうなりますか？
①倒れて横にくっつく
②アクロバティックにのる
③はなれて立つ
④くっついて立つ
!?

うーん…
②番？
→子供たちの中で一番多い答え
正解は…
スッ
③番でした！
どどんっ
なんで!?
ス
スッ
ス
スッ
いいリアクションですね
ここで、さらに問題です
『なぜ鉄くぎと鉄くぎははなれるのだろう？』
難しい…
難しくないですよ
この現象は、小学校3年で習う知識で答えることができます
本当ですか？

① N極とS極がある
② ちがう極同士は引き合う
③ 同じ極同士はしりぞけ合う
④ 鉄を引きつける
これくらいの知識で説明できますよ どれも3年生で習ったことでしょう？
うーん…
S N S N S N
…あ！
ピーン
わかりました!!
ビッ
はい、どうぞ
ドヤァ
鉄くぎが磁石になり、、隣同士が同じ極になるから、それぞれが退け合う
…
ドキ ドキ
正解です!!
パチ パチ パチ
やったー！

ちなみに真ん中の
鉄くぎを引き上げると
どうなると思いますか？
どうなるん
だろう？
!!
すごい！
鉄くぎがくっついた
しかも、一つずつ
順番にくっつくんですよ
5本
6本
7本…
本当だ
順番待ちを
しているみたい
ついに
8本!!
どどーん
全部
くっついた！

ピタッ
この現象は違う極同士が引き合う現象を利用しています
すごい！これが学校でできるんですか？？
もちろん
でも、この磁石の装置はどうやって手に入れるのですか？
い…
いいな〜!!
いい質問ですねそれは…
フフフ…
次のページで詳しくお答えします！
欲しい〜っ!!

学習指導要領の内容

ア　次のことを理解するとともに、観察、実験などに関する技能を身に付けること。
(ア)磁石に引き付けられる物と引き付けられない物があること。また、磁石に近付けると磁石になる物があること。
(イ)磁石の異極は引き合い、同極は退け合うこと。
イ　磁石を身の回りの物に近付けたときの様子について追究する中で、差異点や共通点を基に、磁石の性質についての問題を見いだし、表現すること。

強力磁石の作り方

●マンガで使用した強力磁石の作り方

磁石を重ね、箱をかぶせるだけというシンプルな作り方です。ポイントは、磁石と箱を密着させず、5cm位の隙間をつくること。そうすることで、鉄くぎと鉄くぎの離れる距離が広がります。マンガでは、異方性フェライト磁石（縦10cm×横10cm×幅1cm）の10枚重ねを使用していますが、「そんなのなかなか手に入らない……」という声も聞こえてきそうなので、もっとシンプルで安価な方法をお教えしましょう。

●簡易版強力磁石の作り方

①磁石付き皿5つと、それを重ねたものが入るサイズのプラスチック容器を購入（百円ショップでも購入可能）。

※磁石付き皿とは、ネジなどの細かいパーツを置いておくための皿。工具コーナーなどにある。

※プラスチック容器は、磁石上部と密着しない

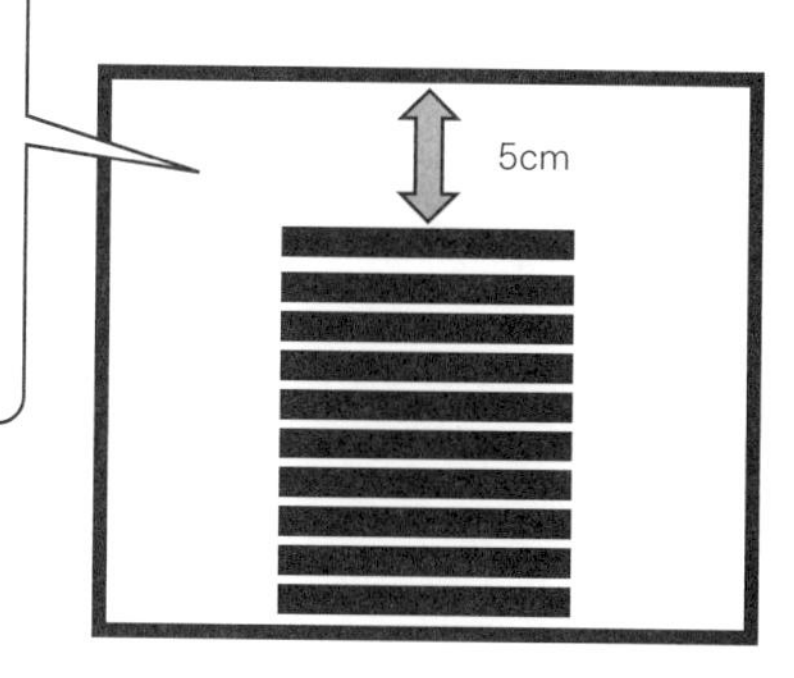

ここの隙間が大きくなればなるほど磁力線が広がり、鉄くぎと鉄くぎの隙間が広がります。
しかし、その分、磁力も弱まり、鉄くぎが倒れやすくなりますので、使用する磁石の磁力によって幅を研究するとよいでしょう。
5cm

ように1・5㎝ほどの隙間ができるサイズを購入（写真では、わかりやすいように透明なものを使用）。

②磁石付き皿を5段に重ねて裏返し、プラスチックの箱に入れる。

実験方法

①クリップをプラスチックの箱の端に置くと、真ん中の磁石に吸い込まれるように滑っていき、磁石の真上で立つ。

③2本目がどうなるかを子どもたちに問いかける。

④予想を挙手で確認する。

⑤2本目のクリップを①と同様に置くと、画像の③の結果となる。

⑦3年の既習内容を振り返りながら、③となった理由について話し合う。

この磁石のクイズは、小学校3年生の知識で解くことができるはずなのに、教員や大人でも間違えることがあります。つまり、教室内の学力差に影響を受けない問いとも言えるでしょう。だからこそ、活発な話し合い活動が可能になります。

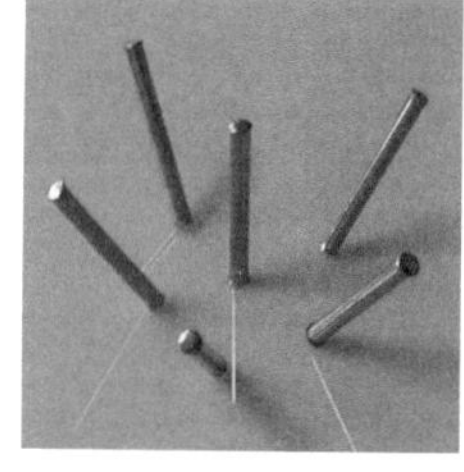

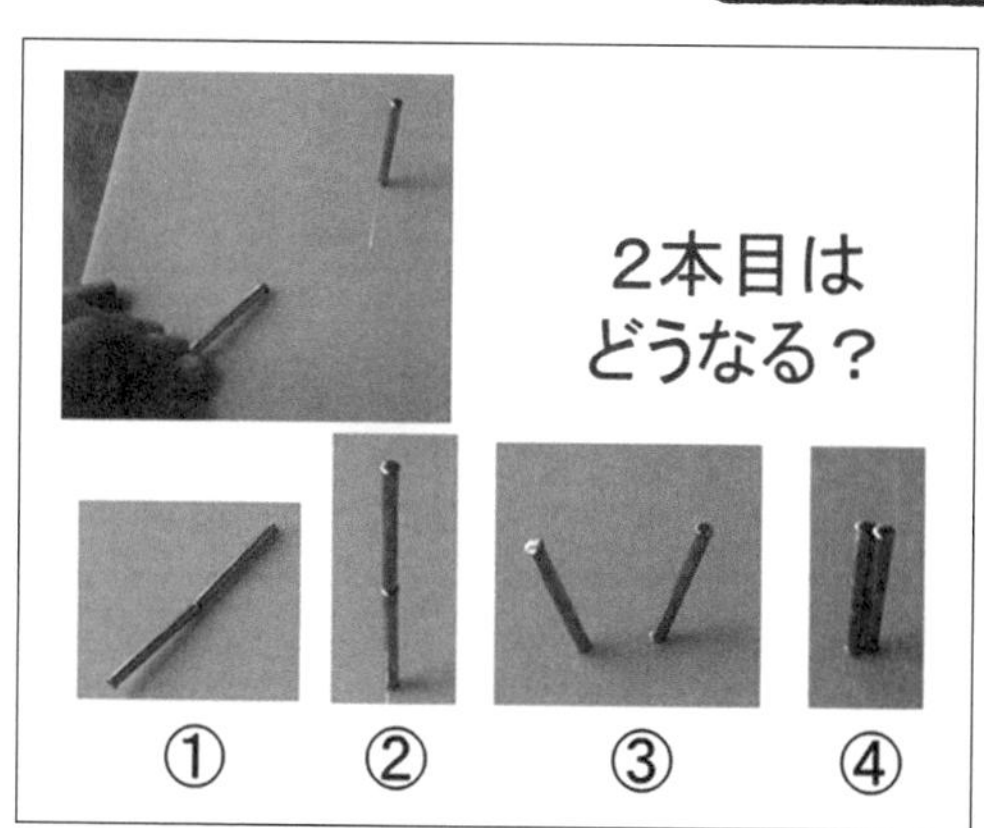

マンガでわかる 理科授業3

市販のキットで授業改革！

～4年「電流の働き」～

理科は準備が大変というイメージをもっている先生も多いでしょう。なるべく手間をかけずに準備するためには、市販のキットを利用することも有効です。市販のキットを使うと陥りがちな事態も、エデュテイメントの視点で解決することができます。先生自身が発想の転換をすることで、授業が劇的に変わるのです。

♪
わっ、びっくりした！
ヒィッッ
……
ズーン…
新任教員
どうしたんですか？
あの…
フリーズ
忙しすぎてどこから手をつければよいかわかりません…
それでフリーズしてたんですね…
まあ、理科の授業は準備が大変ですから
そうなんです！
ドンッ
いい授業をしようと思うと大変なんですよ
特に小学校は、理科以外の準備もありますし
はぁ…
福岡先生、簡単な準備でいい授業ってできないものですか？
まぁ…
そんなもんできるわけないで…
できますよ
即答!!
軽ッ!!
そんなアッサリと

エデュテイメントを
使えば大丈夫！
キリッ
ばんっ
今回は、遊び×ものづくりで
深い学びの
エデュテイメント！
ものづくり？
はい、ものづくりで
たくさんの発見を
する学びです
ものづくりって、
単元の最後で行いますよね
単元の学びを生かして
はい
でも、最後だけではない
ですよ
最初に
取り入れてみましょう
え？
最初ですか？
イメージが
わかないみたいなので、
具体的に説明しますね
4年の「電気の利用」では、
どんなことを学びますか？
えーと…
電池を直列つなぎや
並列つなぎにして、
豆電球の明るさや
モーターの動きを確認します
検流計を使って、
電気の強さを
数値で見るという
活動もありますね

では、ものづくりはどんなことをしますか？
代表的なのは車づくりです
今までの学びを生かして、電池の直列で車を速くしたり、電気を逆に流して車を逆走させたりしますね
そうです！
ドキッ
ものづくりこそエデュテイメントなのです
まるでプラモデルで遊ぶように、車を組み立てて遊びながら学ぶ
その車はどうやって作るのですか？
思わず正座
ふっふっふ…
今回は簡単な準備でできるように、市販のキットを使います！
バーン!!
実験キット

へえー…
…どうしました？
「なんか思ってたんと違う」って感じの顔ですね
先生悲しいです
いや、だって…
ヒソ
ヒソ
そこで市販、なんだ～…みたいな
いやいや!!
市販のキットは、豆電球もモーターも、電池ボックスも導線も全部ついていて便利ですよ
でも、市販のキットには弱点があります
はいはい
あー、配ったとたんに子どもたちが車を作ろうとする、とか…？
ギク…

…そうです
まあ、こんなに面白そうなら、すぐに作りたくなりますよね
それでいいんです
えっ
私なんか、キットを配るとすぐに作ろうとするから、毎回子どもを叱ってましたよ
すぐに作る、それでいいんです！子どもが作りたいならば、その気持ちを大切にしましょう
でも、それだと単なる遊びですよ
エデュテイメントじゃなくて、単なるエンターテイメント違いますか？
…なるほどでは、そのまま遊ばせたらどうなると思いますか？
子どもたちが遊ぶと……車づくりができない子どももいますよね
うまくできない…
できないとは？具体的にどんな場面が浮かびますか？
なんで～？
逆に走る車、速く走らない車、電池を入れて、スイッチを入れても動かない車とか…
うーん…

電池の向きがわからないから
逆に走らせたり、
ブブッ
ブブッ
直列つなぎがわからないから
速度が遅かったり、
回路がわからないから
電気が流れず動かなかったり…
ピーン…
あっ！
気づきましたか？
そうなんです
このものづくりには…
子どもたちが学ぶ要素が
たっぷり入っています
遊びの中で失敗しながら、
自分たちの課題を見つけるのです
次はこう工夫してみよう!!
でもわからない
ままでいいのですか？
だからこそ遊ばせるのです
自由に遊ぶ中で、
友達と協力し合いながら
完成させることが大切です
あそぼー
でも、友達に
相談できない子どもは
どうするのですか？
ぽつん…
キャッ
キャッ
そこが、エンターテイメントと
エデュテイメントの
大きな違い！
ドーンッ
教室には先生がいます
先生がフォロー
すればよいのです
さらに、わからなかった部分を
その後の授業で取り上げれば、
ものづくりでの
経験をもとに、授業を
進めることができます

遊びながら、
主体的に授業で
学ぶべき課題を発見し…
ワイ
ワイ
子どもたち同士が
対話しながら
課題を解決することで、
深い学びにつながる…
まさに、主体的・対話的で
深い学び！
イッツ
エデュテイメント！
活動の順番を入れ替えるだけで、
授業が深まることがあります
ものづくりの単元は、
それを実現しやすいんですよ
おお…!!
手間をかけずに、
授業が劇的に
変わりますね！
先生はどうして
そんなにアイデア
豊富なのですか？
子どもを楽しませるには、
教員が楽しまないと
いけません
ニコ
さっきみたいにフリーズ
せずに、心にゆとりをもたないと！
遊び心をもつことが
エデュテイメントの秘訣ですよ
わかりました！
よっしゃー!!
遊び心をもつぞ
あれ…
…遊び心って
どうやってもつんだ？
再び
フリーズ
ダメだこりゃ！

学習指導要領の内容

ア　次のことを理解するとともに、観察、実験などに関する技能を身に付けること。
(ア)乾電池の数やつなぎ方を変えると、電流の大きさや向きが変わり、豆電球の明るさやモーターの回り方が変わること。
イ　電流の働きについて追究する中で、既習の内容や生活経験を基に、電流の大きさや向きと乾電池につないだ物の様子との関係について、根拠のある予想や仮説を発想し、表現すること。

学習のねらい

①ものづくりをすることで、モーターをつないだときの回り方に興味・関心をもつ。
②乾電池の数やつなぎ方を変えると、モーターの回り方が変わることに気付く。

③ものづくりで発見したことをもとにして、事後の学習を進める。

授業の方法

現在の単元構成では、「ものづくり」は単元終わりのまとめとして行われることが多いでしょう。本授業では、その「ものづくり」をあえて導入で行います。従来は⑦⑧時間目に設定されていたものづくりを、①②時間目に挿入するという単純な方法です。これだけで「主体的・対話的で深い学び」型の授業となるのです。

[従来の単元の流れ]
①電池の向きとモーターの動きの比較
②〜④電池の直列・並列つなぎの比較
②モーター　③豆電球　④検流計
⑤光電池のはたらき
⑥光電池（読みもの資料）
⑦⑧ものづくり（電池とモーターで動く車）
⑨単元のまとめと活用問題
↓
[「主体的・対話的で深い学び」型単元の流れ]
①②ものづくり（電池とモーターで動く車）
③電池の向きとモーターの動きの比較
④〜⑥電池の直列・並列つなぎの比較
④モーター　⑤豆電球　⑥検流計
⑦光電池のはたらき
⑧光電池（読みもの資料）
⑨単元のまとめと活用問題

授業の実践報告

この授業を実際にK市の小学校で実践しました。「①②ものづくり」の時間に、子どもたちは2本の乾電池をエネルギーとして走る「電気の性質を利用した車」の製作を自由に楽しみながら、次に記すようなつまずきに出会います。

【A：車が前に進まず逆走する】
↓電池が逆（③電池の向きとモーターの動きと関連）
【B：モーターが回らず車が動かない】
↓ショート回路（3年生の回路と関連）
【C：車が遅い】
↓並列では車が遅い（④⑤⑥電池の直列・並列つなぎと関連）

そして、つまずいた子どもたちは、自分がわからない部分を聞き、わかる部分を教えるという教え合いを始めました。さらに、わからない者同士でも試行錯誤し、工夫や改善をしながら学びを深める学び合いとなっていきました。
その教え合い、学び合いがものづくり後の授業に生きることとなりました。③～⑥時間目では「ものづくり」を通しての経験やそこで得た知識をもとに話し合い活動が行われたのです。

この授業展開のメリットは、「誰でも負担なくできる」こと。従来は単元の終わりにあった「ものづくり」を導入にもってくるだけで、子どもたちの主体的・対話的な活動を引き出すことができます。また、全員が導入で実施する「ものづくり」で得る経験を足場に話し合いを行うため、「鉄くぎの不思議な動き」と同様に教室内の学力差に影響を受けない活発な話し合い活動が可能になります。

マンガでわかる 理科授業 4

曲がるスプーン

～4年「金属、水、空気と温度」～

目に見えない水蒸気というものは、子どもにはなかなかイメージしにくいものですが、トレーシングペーパーを使うと、この水蒸気の存在を感じることができます。

簡単でかつ経済的な教材を使った、手軽なエデュテイメント実践です。ぜひ試してみてください。

あ〜〜…
ぷしゅ〜…
どうしたの？
先生…
しゅ〜
しゅぅ
湯気でてる…
授業が難しいです
助けてください！
お、おちついて…!!
〜回想〜
4年生の授業中
水を熱してみよう！
水は温め続けると
水の中から泡が出る！
ドーン
泡が出たら温め続けても
100℃のまま
その状態を水の沸騰という！
水の温度の上がり方
水150mL
0
5
10
15(分)
ドドン

水が温められて目に見えない姿に変わったものを水蒸気というんだ！
ドヤアッ…
(℃)
100
50
5
10
15
ふむふむ…
素敵な授業じゃないですか！
それが〜〜
違うんですよ、先生〜
〜回想②〜
この絵の中で、どれが水蒸気かな？
シュン
シュン
これ！
※湯気
※水蒸気
これでしょ

絶対
これだ
うん
間違いない
うん
ガーン…
全員が
やかんの湯気の部分を
指差したんです…
oh…
なるほど！
はっはっは
笑い事じゃないですよ、
先生～
ズーン…
もう一度
★回想シーン★
～その頃 子ども
たちは～
水を
熱してみよう！
わく　わく
ふーん…
へー…
水は温め続けると
水の中から泡が出る！

泡が出たら
温め続けても100℃のまま
その状態を水の沸騰という！
水が温められて目に
見えない姿に変わったものを
水蒸気というんだ！
ドヤッ
へ、へぇ
なるほど。先生が熱く
語れば語るほど…
みんな聞いてくれ〜!!
子どもたちは冷めて
いったということですね
しーん…
フム…
うまいっ！…って
笑えませんよ
HAHAHA☆
情緒が…
まあまあ、
エデュテイメントを
使えば大丈夫！
エデュテイメント？
ちらっ…

そうです
遊びながら学ばないと！
今回は水蒸気の確認×
一人一実験の
エデュテイメント！
ごそ
ごそ
…と
いうわけで、
今から
スプーン曲げをします
スッ…
えっ…
スプーン？？
まずは手を合わせて、
そして、こすって…
こす
こす
手のひらの上に
スプーンをのせます
※トレーシング
ペーパー
すると…
スプーンが
曲がり
出します!!
くるっ
すごい、
スプーンが曲がった！

でも、なんで
曲がるんですか?
それは「見えない
何かの力」が
働いているからです
見えないチカラ・・
うーん、もしかして
静電気、とか・・・?
ブーッ
えっ・・・
じゃあ、熱で
空気が上昇して・・・
他にもありますよ
手をじっと見てください
手・・・?
じっ・・・
はっ
もしかして、
汗・・・?
そう!
「見えない何かの力」の
正体は汗です!
ピンポーン!!
マル
でも、
汗は見えますよ
厳密に言うと、
汗が蒸発した
水蒸気ですね
水を含んで
下部のみ伸びる
なるほど
曲がるスプーンの手品に
子どもたちが夢中に
なっている間、

今のやりとりのように「見えない何かの力」という言葉を繰り返し使います
そうすると、「水蒸気＝見えないもの」という概念が定着していくのです
ほー、なるほど！
これなら僕にもできそうです！
シュッ
シュッ
ちなみに先生の頭から出ているものは見えているので湯気ですね
では、私の曲がるスプーンの実験セットを差し上げましょう
わぁっ
いいんですか？
トレーシングペーパー一枚でクラスの人数分作ることができます。大体10円くらいで済んじゃいますよ
先生！それ以上熱くなったら…
ゴゴ
ゴゴ
この曲がるスプーンで、ぼくもがんばります！
なるほど！燃えるくらいの温度になると、湯気ではなく水蒸気になりますね

学習指導要領の内容

ア　次のことを理解するとともに、観察、実験などに関する技能を身に付けること。
(ウ)水は、温度によって水蒸気や氷に変わること。また、水が氷になると体積が増えること。
イ　金属、水及び空気の性質について追究する中で、既習の内容や生活経験を基に、金属、水及び空気の温度を変化させたときの体積や状態の変化、熱の伝わり方について、根拠のある予想や仮説を発想し、表現すること。

曲がるスプーンの作り方

①トレーシングペーパーにスプーンのイラストを印刷。
※トレーシングペーパーには曲がる向きがあるので、手の上にのせて向きを確かめてか

ら印刷する。

②印刷したものを切り分ける。

※トレーシングペーパーに印刷をせず、子どもたち自身にスプーンの絵を描かせるのもよい。スプーン以外に「スルメイカ」や「腹筋をする人」などを描く子どももいて、その活動だけで盛り上がる。

実験の方法

①手を合わせてこすりながら、「曲がれ曲がれ」と念じる（手を温めると、水蒸気が出る）。

②手のひらの上に紙スプーンを乗せる。

③紙スプーンの下部に、手のひらの水蒸気があたって結露する。水分を含んで下部だけが伸び、紙スプーンが曲がる。

④「目に見えない力」を強調しながら、なぜ曲がったのかを子どもたちと考える。

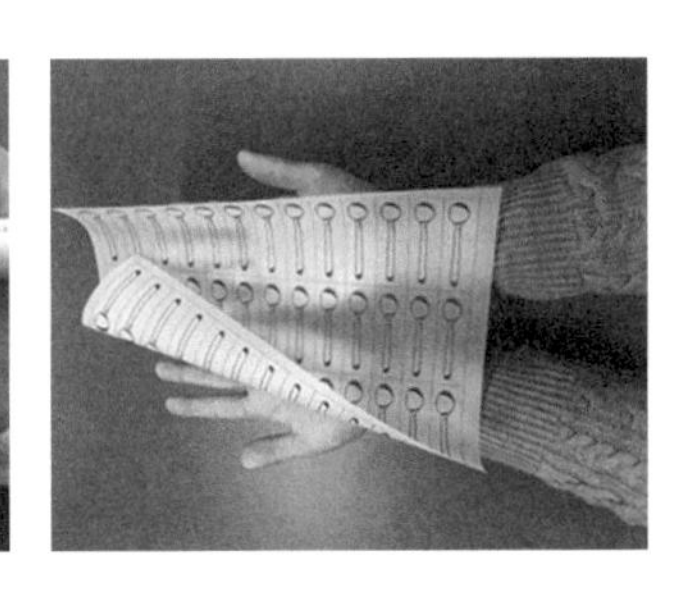

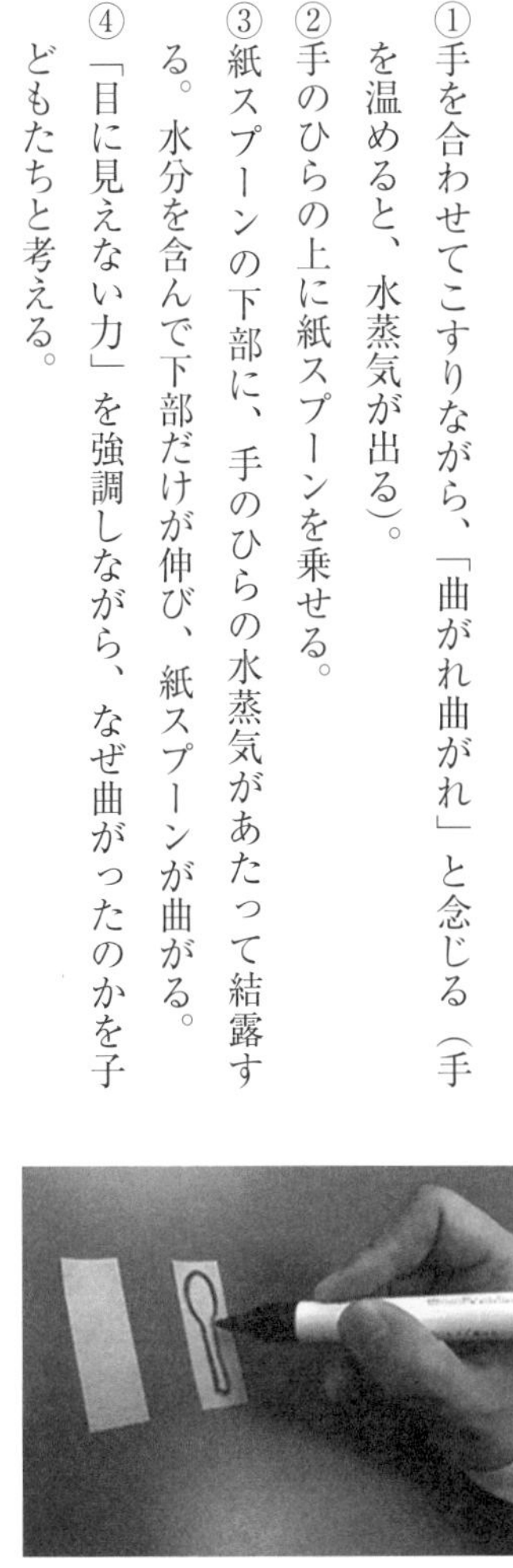

水蒸気になると、体積は1700倍!?

水が沸騰して水蒸気になると、体積は約1700倍になります。つまり、1Lの水が1700Lの水蒸気になるということです。揚げものをしているときに、水滴が入ると油が飛び散りますが、これは水が水蒸気になり、爆発するからです。

そして、この原理を利用したものが火力発電です。燃料を燃やし、水を沸騰させることで、たくさんの水を水蒸気に変えます。大きな体積となった水蒸気が風をおこし、その風力でタービンを回して発電します。これは風力発電の風車を回す原理と同じ。自然の風を使用するか、水蒸気の風を使用するかの違いはありますが、風力発電と火力発電は意外に共通点があるのです。

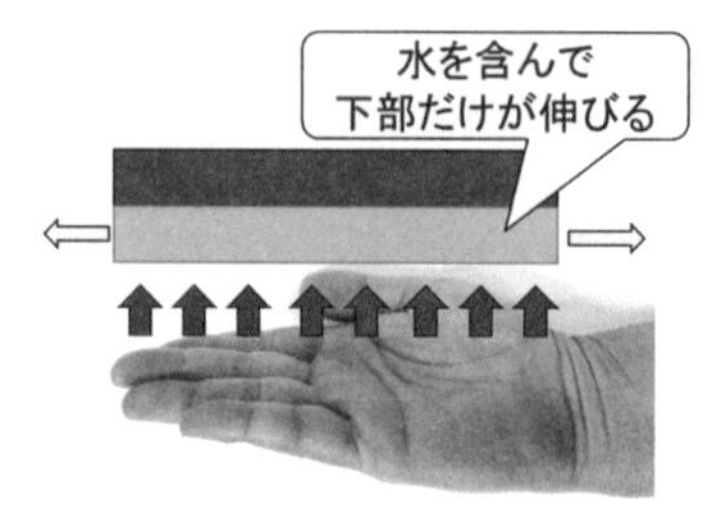

この曲がるスプーンの仕組みも、大人も戸惑う問いの一種です。準備はトレーシングペーパーを切るだけなので、準備が簡単でかつ安価なのがうれしいところ。日々の忙しさや実験準備のわずらわしさから理科に苦手意識を持つ先生も多いですが、これならば気軽に試すことができるでしょう。

実験の方法④の「『目に見えない力』を強調しながら…」は非常に大切な部分です。マンガの中にも示したように、子どもたちは水蒸気と湯気を間違えることが多いです。テストなどで子どもがその間違いに気付いたとき、教師は「水蒸気は目に見えないもの」という教え込みをしがちです。「なぜ曲がるの？」というクイズに取り組みながら、「目に見えない力がスプーンを曲げている」ことを意識すれば、子どもたちは実感を伴いながら、水蒸気についての理解を深めることができます。これもエデュテイメントの力です。

マンガでわかる 理科授業 5

不思議な色水

～6年「水溶液の性質」～

最後に、紫キャベツの性質を利用したサイエンスマジックを紹介します。

コップに酢と重曹水を仕込んでおくのがポイントです。見せ方をひと工夫するだけで、エデュテイメントな授業になります。

郵便はがき

料金受取人払郵便

本郷局
承認

3601

差出有効期間
2022年2月
28日まで

1138790

東京都文京区本駒込5丁目
16番7号

東洋館出版社
営業部 読者カード係 行

ご芳名	
メール アドレス	@ ※弊社よりお得な新刊情報をお送りします。案内不要、既にメールアドレス登録済の方は右記にチェックして下さい。□
年齢	①10代 ②20代 ③30代 ④40代 ⑤50代 ⑥60代 ⑦70代～
性別	男 · 女
勤務先	①幼稚園・保育所 ②小学校 ③中学校 ④高校 ⑤大学 ⑥教育委員会 ⑦その他（ ）
役職	①教諭 ②主任・主幹教諭 ③教頭・副校長 ④校長 ⑤指導主事 ⑥学生 ⑦大学職員 ⑧その他（ ）
お買い求め書店	

■ご記入いただいた個人情報は、当社の出版・企画の参考及び新刊等のご案内のために活用させていただくものです。第三者には一切開示いたしません。

Q　ご購入いただいた書名をご記入ください

（書名）

Q　本書をご購入いただいた決め手は何ですか（1つ選択）

①勉強になる　②仕事に使える　③気楽に読める　④新聞・雑誌等の紹介
⑤価格が安い　⑥知人からの薦め　⑦内容が面白そう　⑧その他（　　　　）

Q　本書へのご感想をお聞かせください（数字に○をつけてください）

4：たいへん良い　3：良い　2：あまり良くない　1：悪い

本書全体の印象	4―3―2―1	内容の程度/レベル	4―3―2―1
本書の内容の質	4―3―2―1	仕事への実用度	4―3―2―1
内容のわかりやすさ	4―3―2―1	本書の使い勝手	4―3―2―1
文章の読みやすさ	4―3―2―1	本書の装丁	4―3―2―1

Q　本書へのご意見・ご感想を具体的にご記入ください。

Q　電子書籍の教育書を購入したことがありますか?

Q　業務でスマートフォンを使用しますか?

Q　弊社へのご意見ご要望をご記入ください。

ご協力ありがとうございました。頂きましたご意見・ご感想などをSNS、広告、宣伝等に使用させて頂く事がありますが、その場合は必ず匿名とし、お名前等個人情報を公開いたしません。ご了承下さい。

ず〜ん…
もうだめだ…
どうしたの?
先生…
やっぱり授業が難しいです
助けてください!
くっ…
今度はどうしました?
顔を上げてください
バーン!!
真っ青!?
!?
うう…
教科書通り進めているのに、
子どもたちが
興味をもってくれません…
しく
しく
もう俺はダメなんだ…
遊びながら
学ばないと!
今回は色水実験×
サイエンスマジックの
エデュテイメント!

この液体は何色ですか?
え・・・?紫色です
では、紫色は何色と何色が混ざった色ですか?
赤と青です
red
+
そうですね、今からその混ざった色を分けるエデュテイメントマジックをします
えっ
マジック?
先生は赤色と青色どっちが好きですか?
う〜ん…
赤、ですかね
では、このコップを持って、「赤が好き、赤が好き」と念じてください

えっ…
ね、念…!?
怪しんでますね～
とりあえず騙されたと
思ってやってみてください
大丈夫
なのか…?
は、はあ…
ええいっ
赤が好き!
赤が好き!
どん
赤が
好き!!
どどんっ
スッ…
え
え～～～!?
なんと
赤色に!!
イッツ
エデュテイメント!

ちなみに
青もできますよ
このコップを持って、
今度は
「青が好き、青が好き」と
念じてください
ドキ
ドキ
は、はい
青が好き！
青が好き！
ぐっ
スッ…
青色↓
ほんとだ・・・！
イッツ
エデュテイメント！
バ
ーンッッ
一体、
どうなってるんですか⁉
まさか本当に
マジック…⁉
ふっふっふ、
実は、この液体の正体に
秘密があって・・・

なんと、紫キャベツのしぼり汁なんです！
む、紫キャベツ⁉
どうやって作るのですか？
簡単ですよ
① 紫キャベツを千切りにする
② 少量の塩と共にチャック付ビニール袋に入れる
③ 空気を抜いて袋の外から手でもむ（5〜10分ほど）
塩
わあ、紫の汁が出てきた。でも、なぜ色が変わるのですか？

紫キャベツは、
リトマス試験紙と同じ
アントシアン系色素なので、
酸性と出会えば赤、アルカリ性と
出会えば青に変化するのです
なるほど…
ん？
でも、コップに入れただけで
なぜ色が変わったのですか？
?
ふふふ、しかけを
教えましょう
コップを見てください
じっ…
あっ！　濡れてます
しかも、お酢のにおいがする
そうです！　コップにほんの
わずかなお酢を入れていたから、
酸性のお酢と反応して
赤に変化したのです
青になるコップも
濡れてますね
こっちは重曹を水に
溶かしたものです
アルカリ性の重曹水を
少し入れていたから
青に変化したのです
重曹

ほー!
キラ
キラ
同じ実験でも、
子どもたちがわくわくするような
見せ方を意識するだけで、
興味をもたせることが
できるんですよ
すごい!
明日の授業に向けて、
今から家でいっぱい
練習します!
大コーフン!!
まっ赤!!
翌朝
職員室
…先生、
大丈夫ですか?
エヘヘ…
昨晩練習しすぎて、
寝坊しちゃいました…
まっ青…
先生、顔が青ざめていますよ
昨日は赤で、今日は青。
先生の顔は色水みたいに
変化しますね
はっはっは~
笑えませんよ!
はっ…
今度は赤になった
まっ赤!!

学習指導要領の内容

ア　次のことを理解するとともに、観察、実験などに関する技能を身に付けること。
(ア)水溶液には、酸性、アルカリ性及び中性のものがあること。
イ　水溶液の性質や働きについて追究する中で、溶けているものによる性質や働きの違いについて、より妥当な考えをつくりだし、表現すること。

ムラサキキャベツ液の作り方

マンガとは異なり、前日から仕込んで冷凍しておく方法を紹介します。

①ムラサキキャベツを千切りにし、チャック付きビニル袋に入れる。
②冷凍する。
③実験の当日に、冷蔵庫から取り出し解凍しておく。

④実験直前、袋に入れたままもみこむ。

⑤紫の液体が出てくるので、それをペットボトルに入れ、水で薄めたら完成。

実験方法

①青い液体の方のコップにはアルカリ性の重曹を入れ、水に溶かしておく。

②赤い液体の方のコップには、酸性のお酢（クエン酸やビタミンCを溶かした水溶液でもよい）を入れておく。

※①②ともに、コップに水滴がつく程度の量でも十分に色が変化する。

③それぞれのコップにムラサキキャベツ液を注ぐ。

※もとの色と比較するために、何の仕掛けもしていないコップにムラサキキャベツ液を注いでおくとわかりやすい。

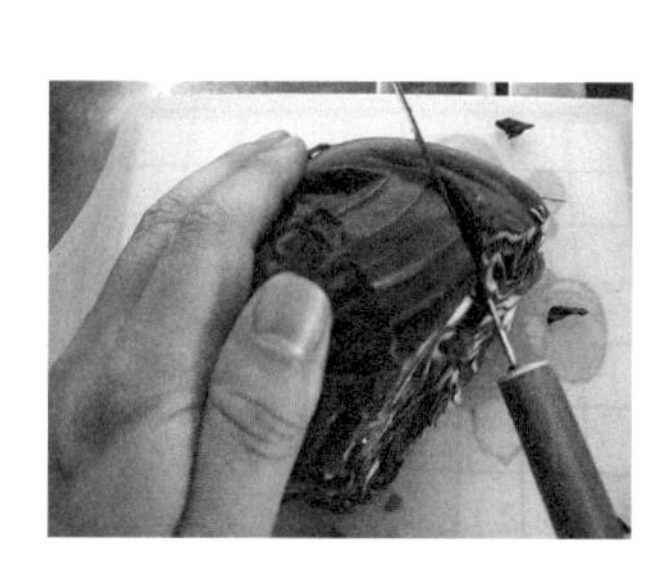

あっと驚く色変化は、子どもたちがとても喜びます。教科書の実験ではリトマス紙を使いますが、これでは子どもたちに驚きの姿は見受けられません。しかし、単元の導入などで色変化のサイエンスマジックを見せると、歓声をあげて驚きます。見せ方を変えるだけで授業が劇的に変化する、これがエデュテイメントの魅力です。

リトマス紙の色の正体はリトマスゴケに含まれるアントシアンという色素。これはムラサキキャベツに含まれる色素と同じものです。色変化は微妙に違いますが、酸性は赤やピンクの赤系、アルカリ性は緑や青の青系となり、リトマス紙の実験と似た結果となるので子どもたちが混乱せずに実験を行うことができます。

アルカリ性（青）

中性（紫）

酸性（赤）

第3章

Q&Aでエデュテイメントの不安を解消！

本章では、これまでに行った教員研修や講演会で、実際に私の元に寄せられた質問に答えていきます。

効果的にエデュテイメントを取り入れるコツをQ&A方式で解説していきましょう。

エデュテイメントQ&A

Q1 授業で遊んでも大丈夫？

教育と娯楽の融合を意味するエデュテイメントですが、授業に娯楽や遊びを取り入れてもよいのか疑問です。

娯楽や遊びという言葉に抵抗があります……。

私は理解できても、保護者から不満が出ませんか？

大丈夫です！「エデュテイメント」は今や教育界の言葉。文部科学省のホームページに「子どもエデュテイメントコンテンツ」という遊びながら学ぶコンテンツが紹介されるなど、教育界にも浸透してきています。

理科の授業で取り入れても大丈夫ですか？

理科の世界では昔から、「色水あそび」「音あそび」などの単元が存在していました。最近では、理科をエンターテイメント化した「サイエンスショー」が全国の教育施設で開催されたり、テレビで面白い実験が放映される機会が増えたりしているように、理科こそ遊びの要素が必要だと言えます。もちろん、そこには教師のねらいがあることが大切です。

A1

ただ単に遊ぶのではなく、教育としてのねらいがあれば問題ありません。理科で言えば「遊びを通して、身近な素材を認識する体験をする」などのねらいをきちんと設定することが大切です。あくまで、そのねらいを実現するために必要な「遊び」であり、遊び自体が目的化することのないように気を付けましょう。

エデュテイメントQ&A

Q2 子どもがふざけませんか？

遊びの要素を取り入れると、子どもたちが盛り上がる反面、ふざけたり、危険な目にあったりするのではないかと心配です。

エデュテイメントを取り入れたら授業が盛り上がるのはわかりますが、子どもたちがふざけそうで怖いです。

そう！　特に、理科の実験では火を使ったり、ガラス器具を使ったりするので、ふざけてけがをしたらと考えると心配です。

それは、とても大切な視点です。実験が危険を伴うという認識は、エデュテイメントに関係なく当然もつべきものです。エデュテイメントを取り入れるときに

も、もちろん普段通りに安全指導を行うようにします。遊ぶこととふざけることはまったく異なるものです。

でも、遊びを取り入れることで子どもたちのテンションが上がって、危険度が高まりませんか？

危険性を回避するためには、エデュテイメントに適した実験、適していない実験を吟味することが大切です。本書では、子どもたちが自由に安全に学ぶことができるような実験を紹介しています。

A2

危険な実験の場面で、無理にエデュテイメントを取り入れる必要はありません。クラスの実態に応じて、エデュテイメントに適した実験を見つけます。そして、普段の授業と同じように安全指導を徹底しながら取り組むようにしましょう。

Q 3 話術のない私でもできますか？

エンターテイメントのプロではない自分でも、子どもたちを楽しませることができるのでしょうか？　自信がありません。

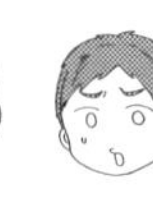

福岡先生は元芸人だから、エデュテイメントができるのではないですか？　私には話術もないので、難しいと感じます……。

プロみたいな話術は必要ありませんよ。

でも、授業を盛り上げるにはそれなりに話術が必要でしょう？

もちろん盛り上げることは大切ですが、それは話術に限ったことではありません。子どもたちの素敵なつぶやきを拾って、すかさず褒めるなど、学校の先生がもっている力だけでエデュテイメントは実践できます。

それなら私でもできそう！　他にも学校の先生がもっている力だけでできることはありますか？

それは、一緒に楽しむことです。科学は年齢や立場を超えて楽しめるものですが、これは教科としての理科も同じです。子どもたちと一緒に驚き、疑問をもち、楽しむことを心がけてください。

A3

エデュテイメントには教室の雰囲気を盛り上げることも必要ですが、それは話術だけではありません。エデュテイメントだからといって、先生に特別な能力が求められるわけではないのです。子どもたちの様子をよく見て、よいつぶやきや行動にすかさず反応するなど、子どもたちのやる気を引き出すことが何より大切です。

エデュテイメントQ&A

Q4 教材はどうやって手に入れますか？

理科の実験にエデュテイメントを取り入れる場合、道具や材料をどうやって手に入れたらよいのでしょうか？

理科の実験には、道具が必要ですよね。エデュテイメントだと特別な道具や教材が必要ですか？　手に入れるのが難しそう……。

心配ありません！　私が紹介する実験は、百円ショップや薬局、スーパー、ホームセンターで手に入るものばかりです。しかも、なるべく安価なものを使うようにしています。

へえ！　それなら私にも準備できそうです。

第2章のマンガ「鉄くぎの不思議な動き」で紹介した磁石の実験では、当初、大きさが10㎝×10㎝で厚さ1㎝のフェライト磁石を10枚重ねて実験していました。でも、エデュテイメントは「誰にでも再現できる」ことが大切。百円ショップで買える道具でもできるように考えたのです。

A4

本書で紹介するエデュテイメント教材は、基本的に理科室にあるものを利用します。そこに工夫を加えるにしても、身近なお店で手に入ることを意識しています。

エデュテイメントQ&A

Q5 エデュテイメントに適した単元は何？

Q2ではエデュテイメントに適した場面があると言いました。では、エデュテイメントに適した単元というのはあるのでしょうか？

具体的に、どんな場面でエデュテイメントを取り入れたらよいのかわかりません。

エデュテイメントを実践しやすい単元というのはありますか？

実は、どの単元でも可能です。

本当ですか⁉

はい、実は理科の教科書を見てみると、導入のページは遊びが記載されていることが多いです。例えば3年生で言うと、「太陽と地面の様子」では「かげふみ遊び」、「風とゴムの力の働き」では「ゴムで作った車遊び」から始まる教科書もあります。遊びが記載されていない単元も、工夫次第ではエデュテイメントを取り入れることは可能です。つまり、すべての単元で取り入れることができるのです。

A5

「太陽と地面の様子」「風とゴムの力の働き」では、「遊んで、気づいたことを話し合おう」というように、「遊び」というフレーズが明記されている教科書もあります。その他の単元も、外での植物観察や、楽器をたたく活動など、活動自体が楽しいものとなるように工夫されています。教科書に従って、子どもたちが楽しむ展開を考えれば、すべての単元でエデュテイメントは可能となるのです。

Q6 エデュテイメントで一番大切なことは？

エデュテイメントを取り入れるにあたって、一番大切なことは何でしょうか？

エデュテイメントを実践する上で一番大切なことは何ですか？

難しい理論ではなく、ズバリ教えてほしいです。

ズバリ言うと、「先生自身が楽しむこと」に尽きます。

理科の実験は驚いたり、不思議に思ったりすることがいっぱいありますよね。例えば、紫キャベツのしぼり汁に酸性のものを入れると赤色、アルカリ性のものを入れると青色に変化する現象って面白くないですか？

確かに面白いです。

実は、理科教育を専門としている私でも、いつも面白いなあと感じているのです。

福岡先生も!?　意外です。

私は理科の面白さに魅了されて、理科教育の専門家になりました。その面白さを伝えるためには、着飾らずに面白いと感じた気持ちをそのまま表現することが大切です。「先生が楽しむ」ことで、子どもたちに理科の面白さを伝えることができますよ。

A6

理科の現象には、子どもだけでなく、大人も驚いたり、不思議に思ったりする魅力があります。先生方も、予備実験や準備のときに面白さを感じることがあるでしょう。その面白さを素直に子どもたちに伝えることがエデュテイメント実践の近道になります。

エデュテイメントQ&A

Q7 エデュテイメントで注意する点は？

どんなことに注意してエデュテイメントを実践すればよいですか？

エデュテイメントを実践するときに注意すべきことはありますか？

もちろん注意点はあります。

それは何ですか？

ズバリ、「エデュテイメントはエンターテイメントにあらず」です。お笑いなどのエンターテイメントは「笑わせる」ことを重視します。でも、エ

デュテイメントは「自然と笑みがこぼれる」というイメージ。つまり、先生がふざけるような笑いの取り方は不要で、教材そのものの面白さで成立させることが大切です。教師のモチベーションとしては「笑わせる」ではなく、「楽しく学ばせる」ということを常に意識することが必要なのです。

A7

エンターテイメント要素を入れようとすると、どうしても「笑わせる」という部分に引っ張られてしまいます。そのために、教員がふざけることに走る危険性があります。しかし、加減を間違えると事故にもつながりかねません。理科そのものの面白さを高めることで、子どもたちの知的好奇心をくすぐるということを心がけましょう。

Q8 エデュテイメントで子どもたちにどんな力が身につくの？

「楽しい授業」を通して、どんな力が身につくのでしょうか？

エデュテイメントを取り入れることは、子どもたちにとってどんなメリットがあるのですか？

楽しみながら学ぶことで、子どもたちが自ら学習に取り組むようになります。つまり、「主体的な学び」を引き出すことができるのです。

そもそも、どうして「主体的な学び」が必要なのかな？

主体的に学び、疑問点を見つけたら、みなさんならどうしますか？

周りの人に聞きたくなる！

さらに、その疑問の答えを見つけたら、どうしますか？

周りの人に教えたくなったり、答えが正解か確認したくなったりします。……

あっ！

そうなんです！　自然と対話が生まれたり、理解が深まったりするのです。エデュテイメントは単なる意欲付けではなく、その後の学びにつながると言えます。

A8

エデュテイメントを取り入れることは、意欲を向上させ、子どもたちの主体的な活動を促します。そして、子どもたちが意欲・関心をもちながら、観察、実験を行えば、そこで生まれた疑問や自分なりの見解を思わず話したくなり、対話が生まれます。つまり、「主体的・対話的で深い学び」につながるのです。

第4章 すぐマネできる！ エデュテイメント小ネタ集

本章では、教育現場で使えるエデュテイメント教材を紹介します。科学館などでは当たり前に活用されているけれど、理科の授業ではなかなか実践されていないという実験を集めました。

さらに、「教科書に沿った内容」「手に入りやすい材料」「準備の手間がかからず、再現が簡単」というコンセプトで選出しています。それぞれの学年で工夫してお使いください。

参考URL

・京都市青少年科学センター（理科オンライン辞典）
http://www.edu.city.kyoto.jp/science/online/index.html

①音で踊るくるくるヘビ

~3年「光と音の性質：音の伝わり方と大小」~

音の振動で、ヘビに見立てたモールが回るおもちゃ。科学館でよく紹介される教材です。

用意するもの

・紙コップ（大は200mL、小は100mL程度）
・モール
・カッターナイフ

作り方・実験方法

①小さな紙コップの底をカッターナイフで切り取る。けがをしないように気をつける。

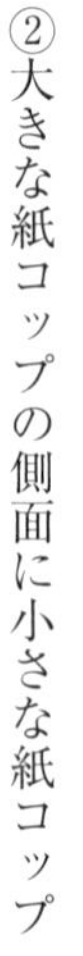
②大きな紙コップの側面に小さな紙コップ

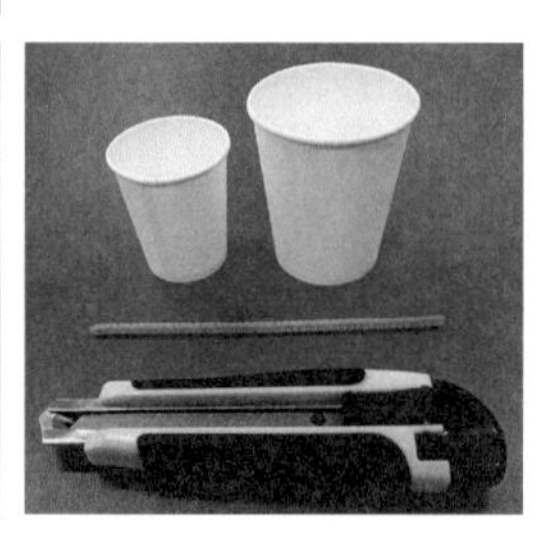

の底がはまる大きさの円を書く。

③円よりも少し大きめに切り込みを入れる。

④大きな紙コップの切り込みに、小さな紙コップの底を差し込む。

⑤モールをらせん状に曲げていき、へびのような形にする。いろいろな形を試してもよい。

⑥大きな紙コップの底にモールを乗せる。

⑦大きな声を出すと、声の振動でモールがくるくると回る。

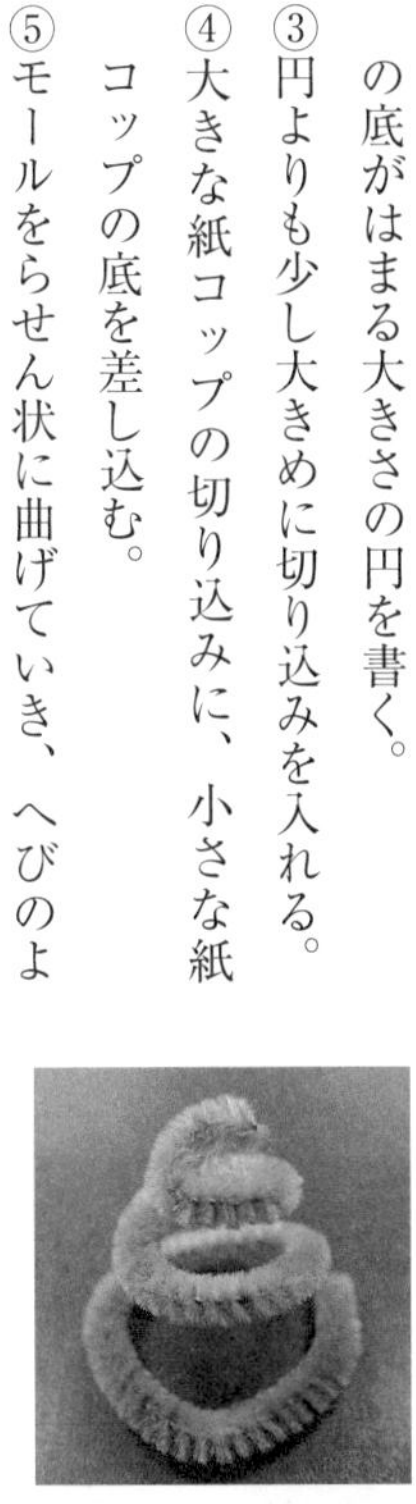

ワンポイントアドバイス

・声の大きさだけでなく、高さによってもモールの動きが変わります。

・紙コップはあまり強く握らず、優しく持つと振動が伝わりやすくなります。

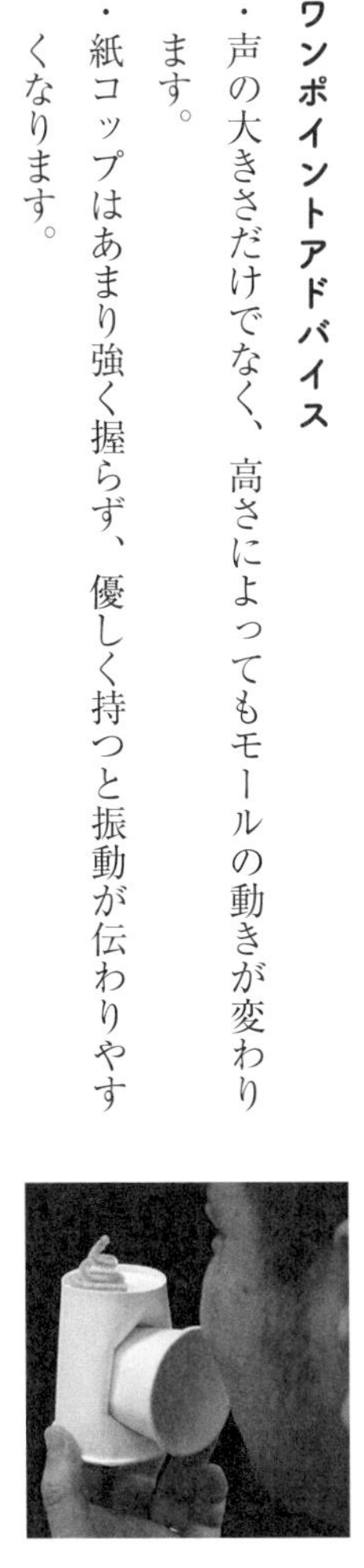

②風船の中で踊る発泡ビーズ

～3年「光と音の性質：音の伝わり方と大小」～

音の振動で、風船の中のビーズが踊ります。百円ショップの発泡ビーズ入り風船を購入すれば、さらに準備が簡単です。

用意するもの

・風船
・発泡ビーズ
・空気入れ

作り方・実験方法

①風船に発泡ビーズを入れる。
※発泡ビーズ入り風船は百円ショップでも購入可能。
②風船を空気入れで膨らませる。

※息で膨らませると中が湿り、発泡ビーズの動きが
悪くなるので必ず空気入れを使用。

③両手で風船を持つ。

④風船に向って声を出す。

⑤風船を持っている両手に振動がくることを確認し、
音の振動を触覚でも感じ取る。

⑥声の高さを変えるとビーズの弾け方も変わる。

→うまくいけば風船の中でビーズが踊る！

ワンポイントアドバイス

・いきなり大声を出すのではなく、風船や振動する声の高さを見つけてから、声を大きくしていくとうまく振動させることができます。

③浮かぶ紙風船

～3年「風とゴムの力の働き：風の力の働き」～

風の強さの違いによって、紙風船の高さが変わります。特別な材料は必要なく、教科書に掲載されているサーキュレーターと紙風船のみで実験ができます。

用意するもの

・サーキュレーター
・紙風船

作り方・実験方法

①無風の場所にサーキュレーターを置く。エアコンの風などがない場所を選ぶか、風よけのついたてを用意するとよい。
②サーキュレーターの風を上向きにする。
③スイッチを入れ、紙風船を浮かせる。
↓コアンダ効果により、紙風船が落ちることなく安定して浮

く。

④風の強さを変化させ、浮く高さを確認する。

コアンダ効果とは

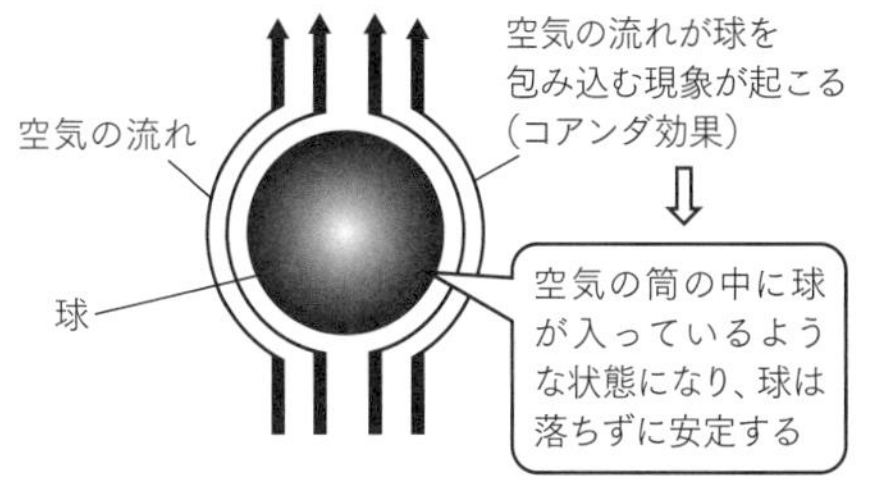

④雲をつくろう

～5年「天気の変化：雲と天気の変化」～

断熱膨張によって、ペットボトルの中に雲ができます。手軽な材料で簡単に実験でき、雲に興味をもたせることができます。

用意するもの

・ペットボトル
・水
・エタノール入り消臭剤
↓アルコール入りならばほとんど可能（今回使用したのは百円ショップの「靴のにおい消し」）

作り方・実験方法

①ペットボトルに水を入れる。
②さらに、アルコール入り消臭剤を入れる（スプレー式で

2秒程度)。

③栓を閉め、ペットボトルを両手で温めながら振る。

↓体温によって、中の水とエタノールを蒸発させる。

④両手で力を入れて、ペットボトルをへこませる。しっかりへこませるほど雲ができやすくなる。

⑤一気に力を抜き、へこんだペットボトルが元に戻ると、ペットボトルの中に雲ができる。

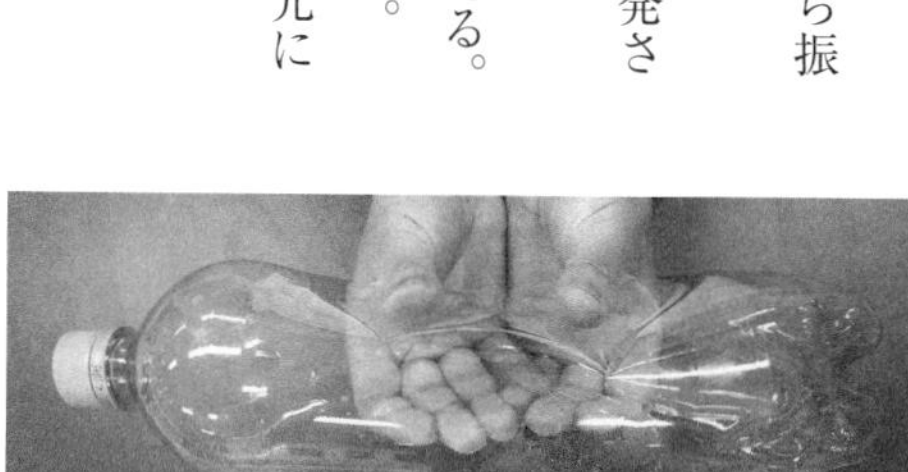

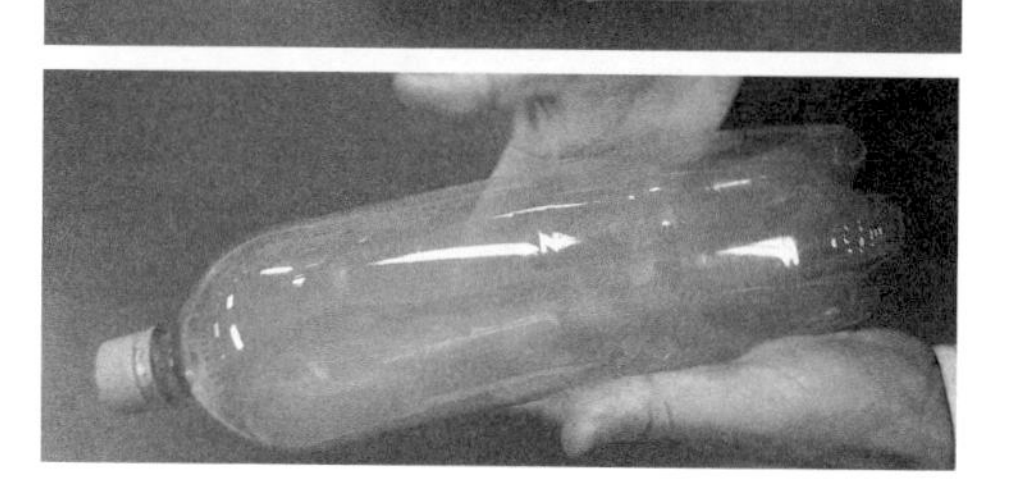

断熱膨張とは

・外部の熱の影響のない条件下で気体を膨張させると温度が下がること、これを断熱膨張と言います。

・圧縮されたペットボトルを一気に膨らませることで温度が下がり、ペットボトル内のアルコールや水が気体から液体と変わり、細かい粒として発生することで雲がつくられます。

⑤パインあめでシュリーレン現象

~5年「物の溶け方：物が水に溶ける量の限度・物が水に溶ける量の変化」~

準備も簡単で、「物の溶け方」の導入実験として最適。シュリーレン現象をわかりやすく確認できます。

用意するもの

・500mLビーカー
・パインアメ
・割りばし
・モール
・しましまシート（付録）

作り方・実験方法

①パインアメにモールを通し、真ん中で折り曲げる。

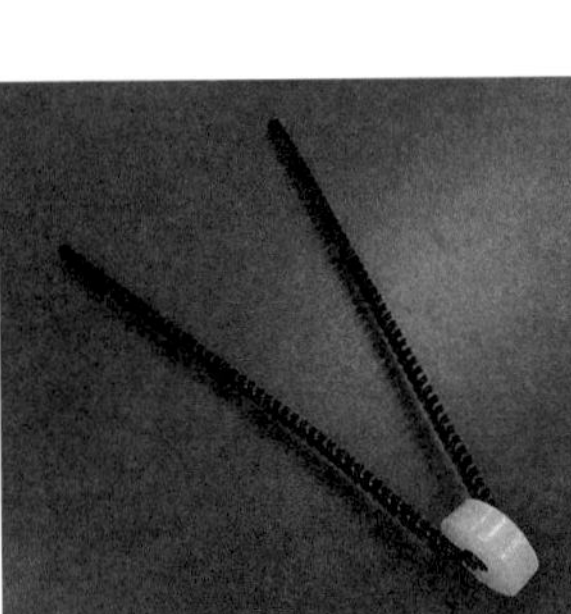

②割りばしにモールを巻き付ける。
③水の入った500mLのビーカーに②を入れる。水が静止した状態で見ると、きれいなシュリーレン現象を確認できる。

ワンポイントアドバイス

・水はできるかぎりいっぱい、パインあめは水面ぎりぎりで全体が浸かる場所に設置すると観察しやすいです。
・背景をタテジマにすると、シュリーレン現象が確認しやすいため、付録のしましまシートを活用することをおすすめします。

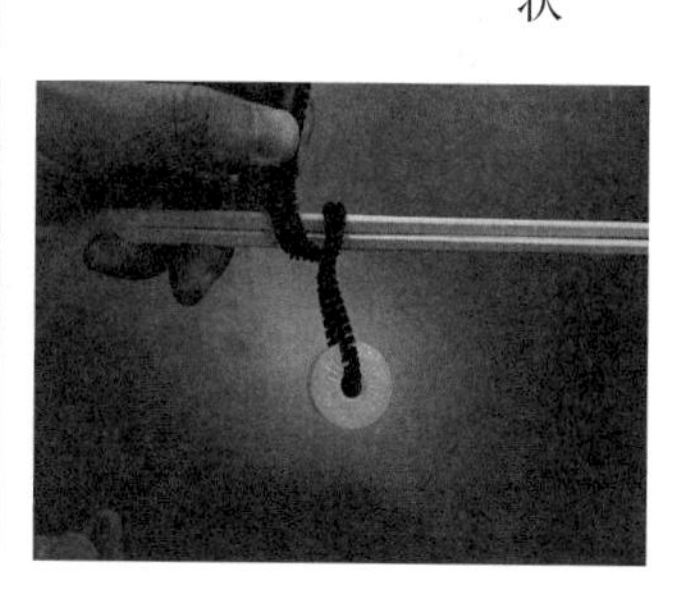

⑥コアラのマーチを振ってみよう

～5年「流れる水の働きと土地の変化：川の上流・下流と川原の石」～

クラス全員が実験に参加できるので、子どもたちの意欲が高まります。下流の石が丸くなる理由を実験から学ぶことができます。

用意するもの

・コアラのマーチ

作り方・実験方法

①未開封の状態で、コアラのマーチを縦に振る。
②20～40分を目安に、1人1分間振って順番に回していく。
③コアラのマーチを開封し、中身を確認する。
④箱の中では以下のことが起こっている。
・箱の中でコアラのマーチが粉砕される。

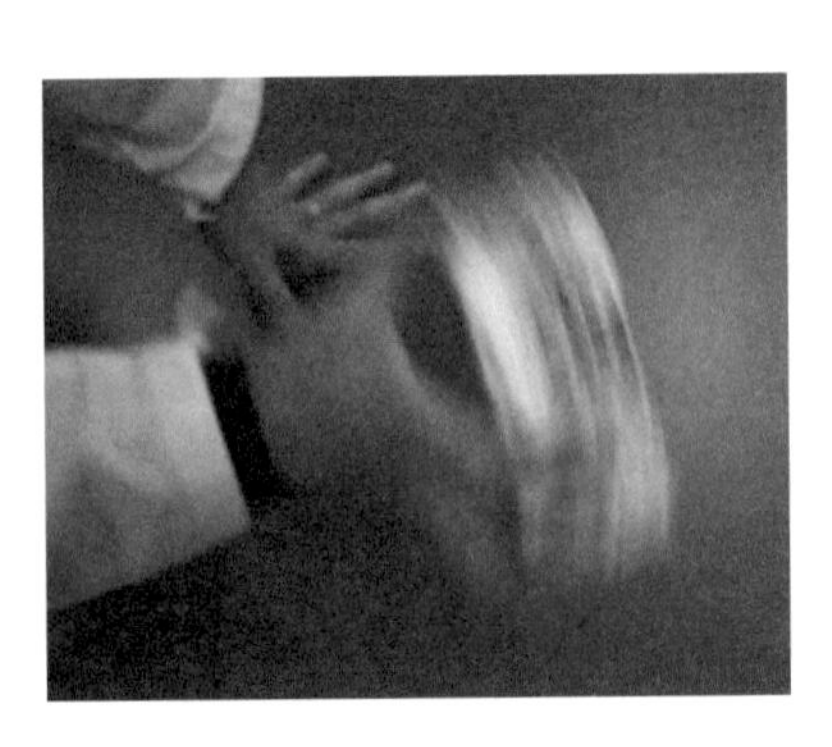

・チョコレート同士がくっつく。
・さらに振ることによって、チョコレートの角が取れて、さらに丸くなる。

ワンポイントアドバイス

・いろいろなチョコレート菓子を試しましたが、コアラのマーチが最適でした。
・この実験は失敗することもありますが、その場合は再び振ると、次第に丸くなります。

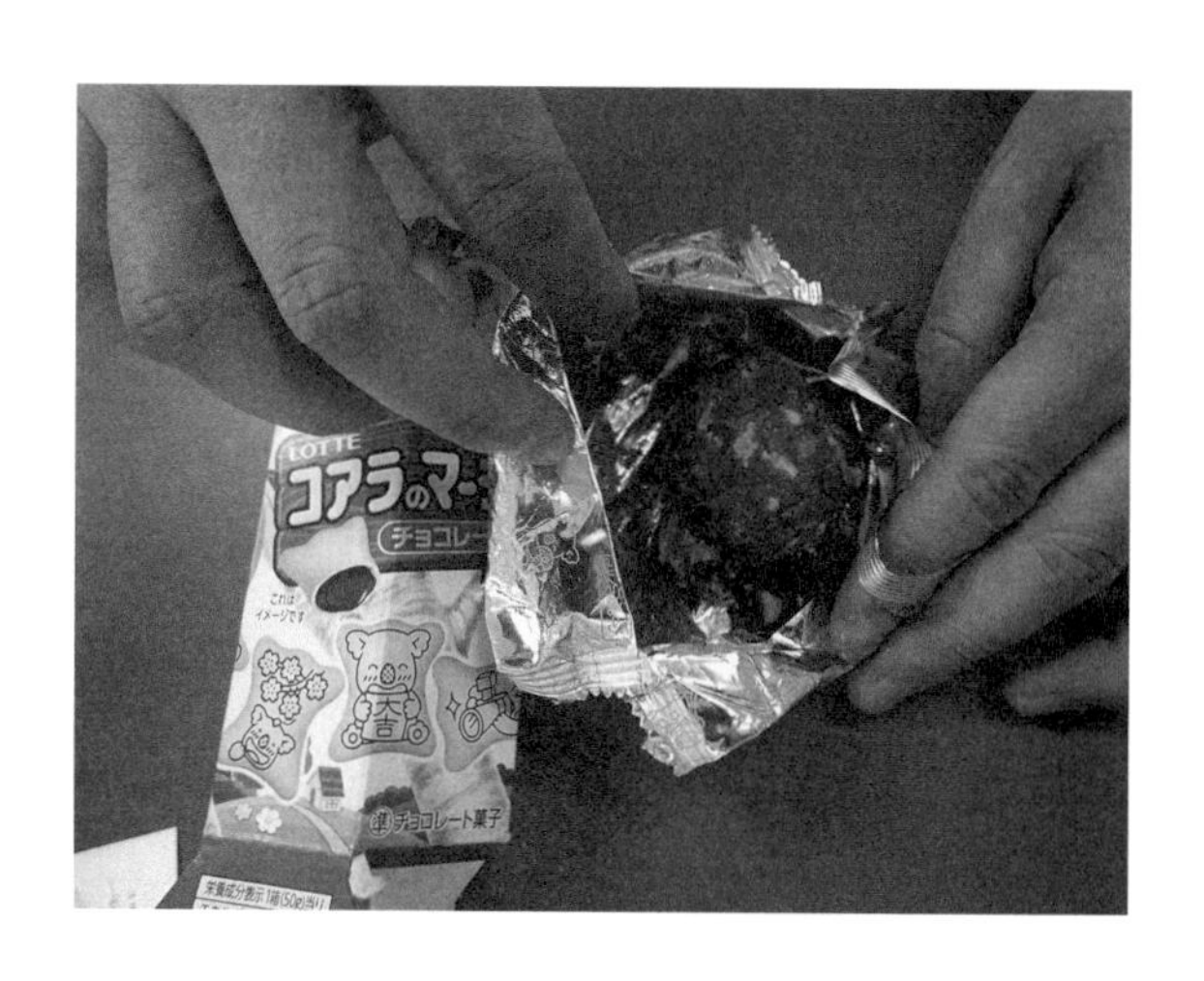

⑦モコモコ雲

~6年「燃焼の仕組み：酸素の発生」~

無色透明である酸素が発生する様子を可視化できます。教科書に掲載されている二酸化マンガンと過酸化水素水で実験できることもポイントです。

用意するもの

・二酸化マンガン
・過酸化水素水
・台所用洗剤
・300mL三角フラスコ
・100mLビーカー
・丸型水槽

作り方・実験方法

①三角フラスコに二酸化マンガンを1g入れる。

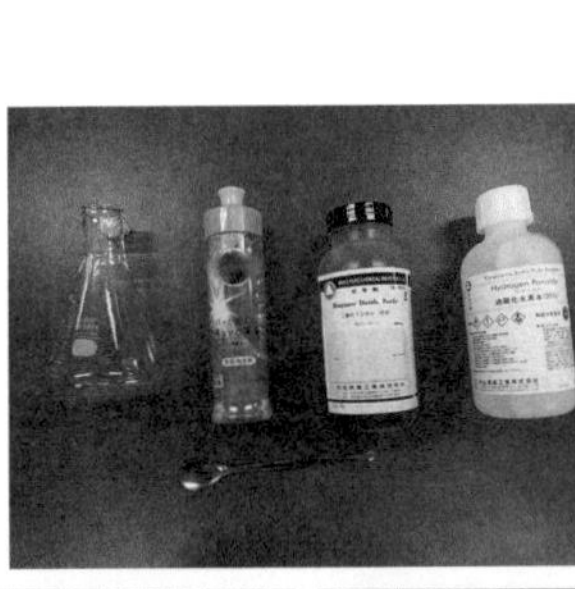

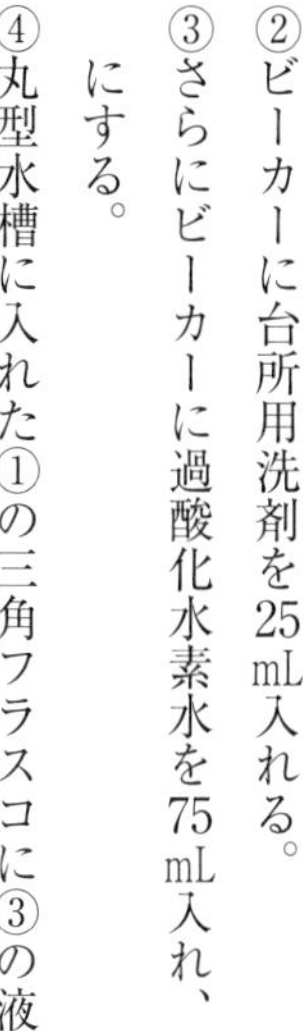

②ビーカーに台所用洗剤を25mL入れる。

③さらにビーカーに過酸化水素水を75mL入れ、合計で100mLにする。

④丸型水槽に入れた①の三角フラスコに③の液体を入れる。

⑤発生する泡を確認する。

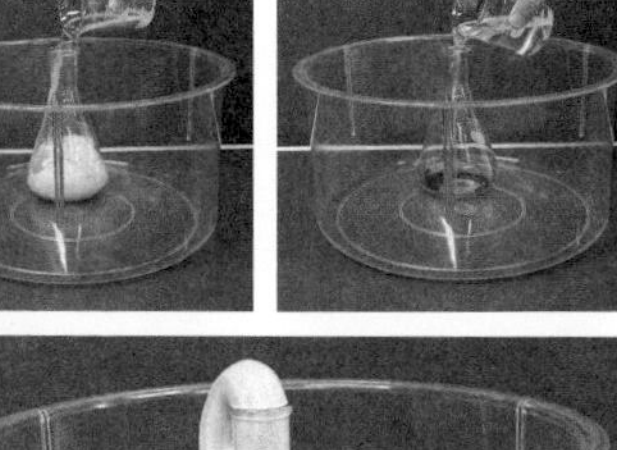

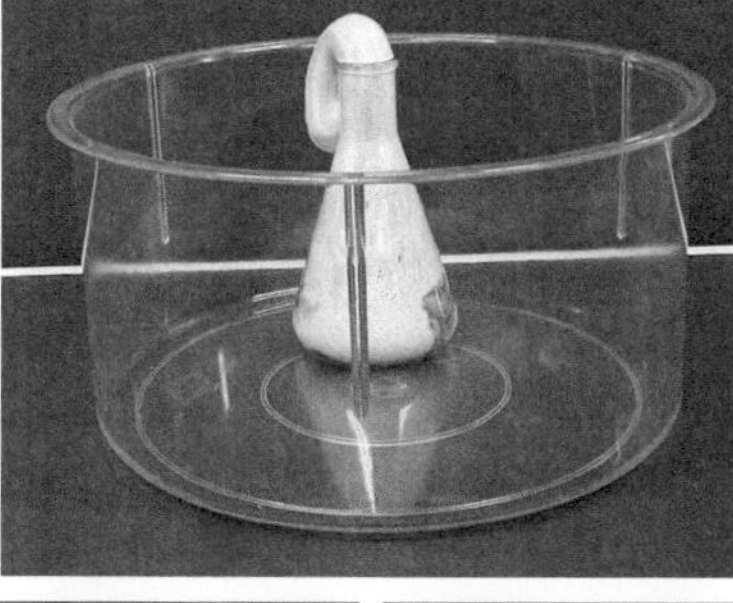

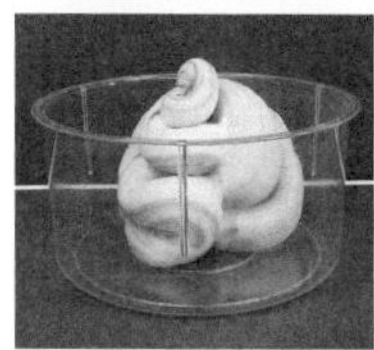

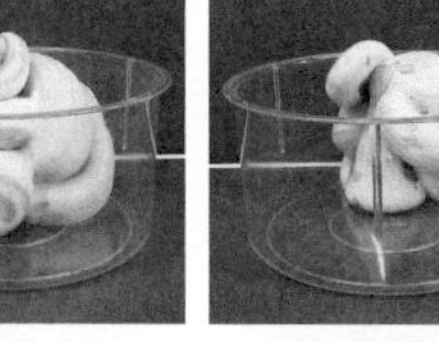

⑧不思議な目玉焼き

～6年「水溶液の性質：酸性、アルカリ性、中性」～

第2章のマンガにも登場したムラサキキャベツ液を使って、不思議な色の目玉焼きをつくります。数少ないアルカリ性食品である卵白の色の変化を利用した実験です。

用意するもの

・卵
・水
・ムラサキキャベツ液

作り方・実験方法

①卵を卵白と卵黄に分ける。
②卵白にムラサキキャベツ液を入れると緑色になる。
③卵白をフライパンに入れ、卵黄を中心に

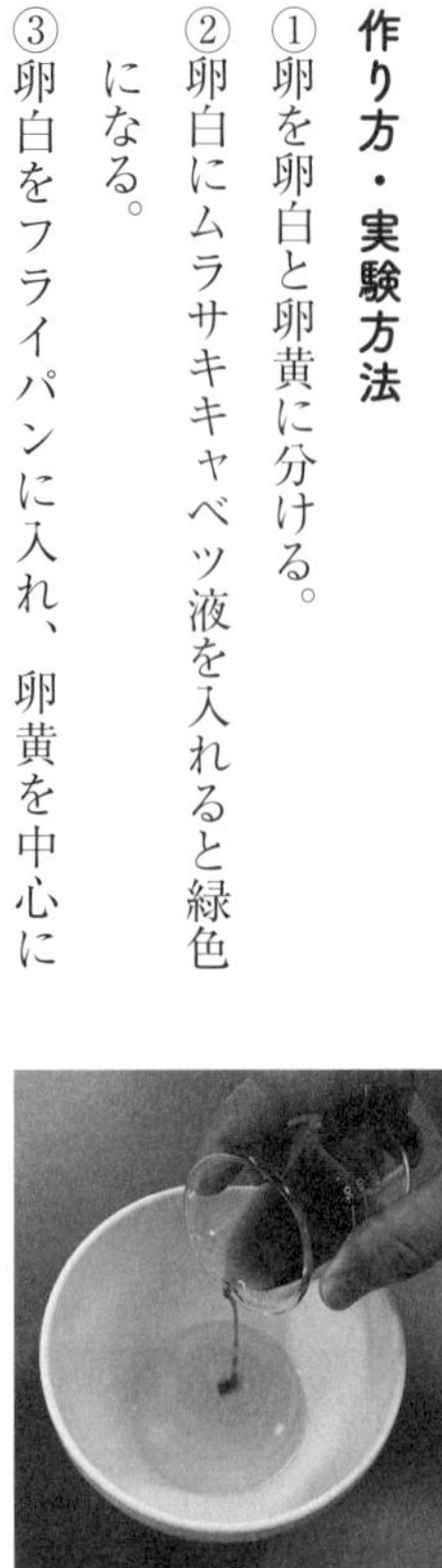

そっと戻し、固まるまで焼けば完成。

ワンポイントアドバイス

・卵白以外のアルカリ性食品には、以下のものが挙げられます。食品以外で試してみるのも面白いです。
豆腐・こんにゃく・中華めん・重曹　など

・紫キャベツ以外にも、以下のものは色変化をします。紫色の植物には色変化をするものが多いです。
ムラサキイモ・レッドオニオン・ブドウ・アサガオの花　など

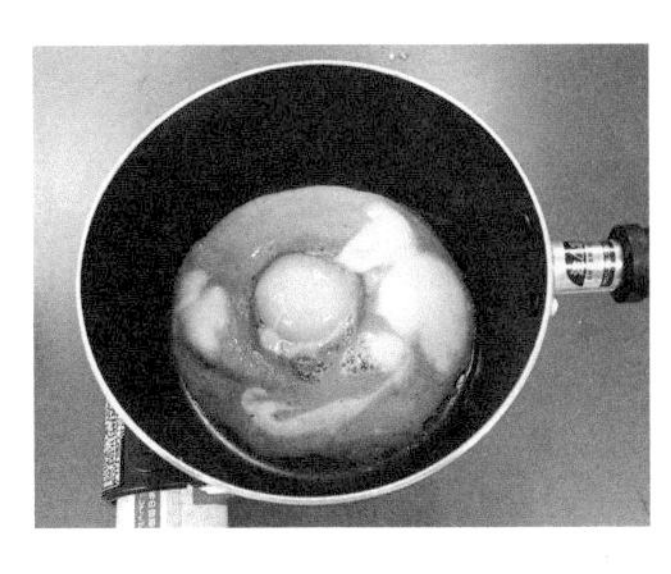

付録①曲がるスプーン

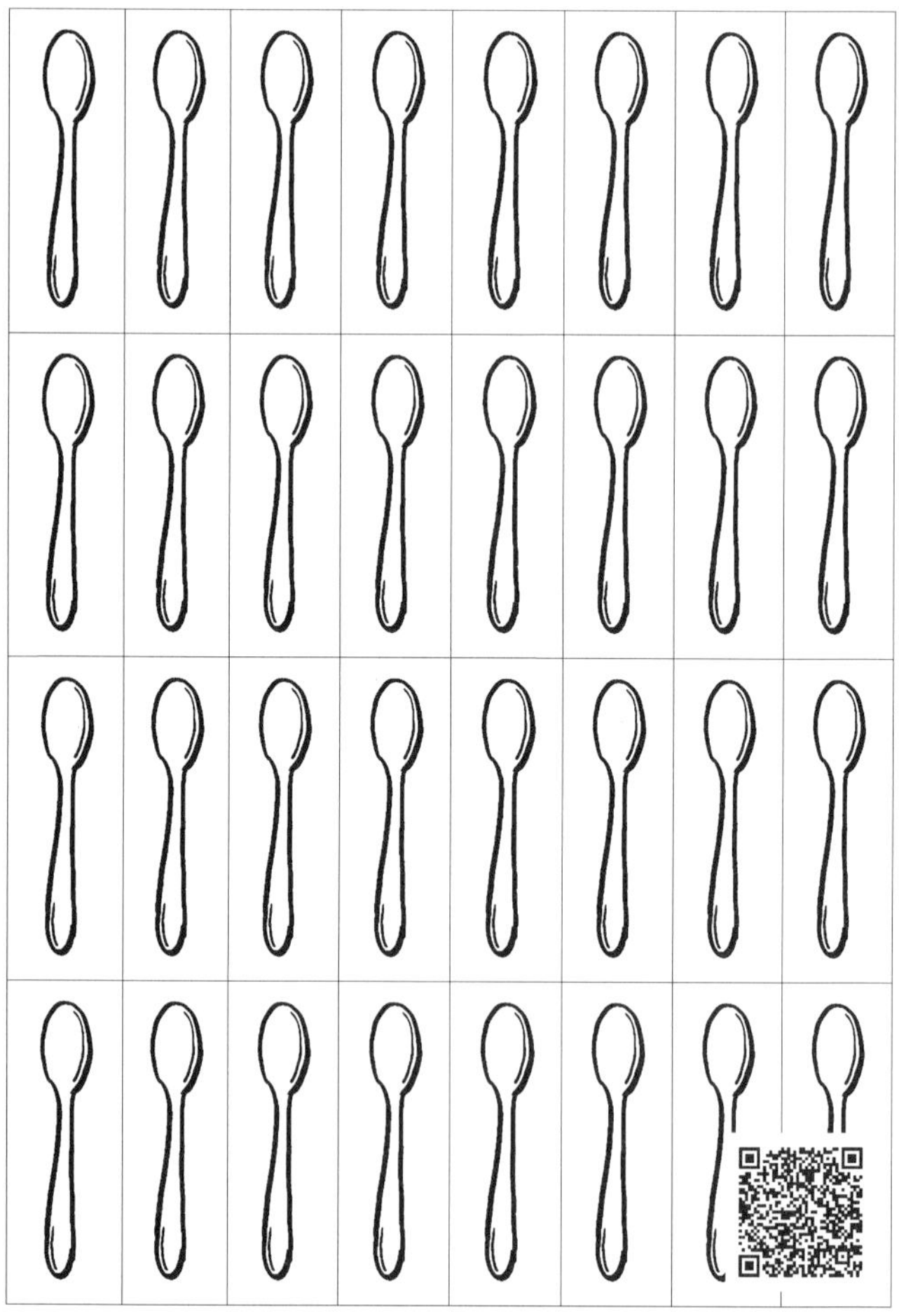

※ QR コードを読み込み、データをダウンロードしてください。
http://toyokan-publishing.jp/rikahuroku/magaruspoon.docx

付録②しましまシート

※QR コードを読み込み、データをダウンロードしてください。
http://toyokan-publishing.jp/rikahuroku/shimashima.xlsx

おわりに

私が芸人を辞め、小学校教員になった当初、授業に「お笑い」を取り入れ、ボケた私に子どもたちがツッコむといった対話のある楽しい授業をしていました。そして、素敵な学級づくりができたという手応えを感じていました。

しかし、授業の主役は子どもたちであり、私が中心となる学級経営には限界を感じるようになってきました。そこで、お笑いの楽しさとは異なる、授業自体の楽しさを極めることに方向転換し、理科を中心とした教材研究に没頭したのです。

お笑いの世界には、「重い」という言葉があります。これは笑いがあまり起こらない環境のことを言います。別の会場で大ウケしたネタと同じネタをやっても、「客席が重い」と全くウケないのです。その会場の重さを吹き飛ばすために、芸人さんは「ツカミ」を工夫します。「ツカミ」とは、一番はじめに笑いをとることです。お客さんに話しかけたり、共感するようなネタをしたり、驚くような意外なことをしたりと創意工夫して、重さを解消し、笑いが起こりやすい雰囲気づくりをしていきます。つまり、「ツカミ」をしっかりすることが、後々の大きな笑いにつながるのです。

この考え方は、授業にも応用できます。お笑いの世界での「ツカミ」は、教育の世界で言えば「授業の導入」です。導入で子どもたちが興味・関心をもつことで、後々の授業展開によい影響が生まれます。

実は、本書にはお笑いのテクニックは記載していません。しかし、子どもたちが興味をもって主体的に活動することで笑顔になれたら、子どもたちが主役となる授業が成立すると考えています。

本書では2章で5実験、4章で8実験の計13実験を紹介しました。これをきっかけに、「科学館の実験が教育現場でも使えるかも?」という視点をみなさんにもっていただき、教材研究のお役に立てることを願っています。

福岡 亮治　ふくおか りょうじ

大阪成蹊大学教育学部准教授

「お笑い芸人（よしもと新喜劇）」「小学校の先生」「科学館職員」と様々な職業を経験し、現在は大学で教員の卵を育成。大阪や京都などで教員研修の講師や監修を務め、今までに3000人以上の教員への研修を実施。

サイエンスショーは、日本だけでなくアメリカやタイなど海外にも活動の幅を広げている。

現在、京都新聞で教育コラム「教育×笑い＝エデュテイメント」を連載中。

お笑いプロダクションとコラボし、「教育×お笑い」の授業やステージの実験監修や協力をしている。

主なテレビ出演

・所さんの目がテン！（日本テレビ）
・情報ライブミヤネ屋（読売テレビ）
・テレ遊びパフォー！（NHK）
・探偵！ナイトスクープ（朝日放送）
・かがくdeムチャミタス！（テレビ大阪）実験監修・出演
・Nスタ（TBS）科学解説員
など多数。

主な受賞歴

・「所さんの目がテン！実験グランプリ」優勝
・サイエンスプレゼンテーション全国大会『科学の鉄人』最優秀賞
（サイエンスショー部門、ブース部門の両部門で第1位）
・第30回今宮子供えびすマンザイ新人コンクール奨励賞
（ちなみに、翌年第31回大会の受賞者はM-1チャンピオンの「ミルクボーイ」）

その他、プロ参加のお笑いコンクールで10以上の受賞経験あり。

元芸人が教える「笑って学ぶ」小学校理科

エデュテイメントで授業革命!

2021（令和3）年1月30日　初版第1刷発行

著　　者：福岡亮治
発 行 者：錦織圭之介
発 行 所：株式会社 東洋館出版社
〒113-0021　東京都文京区本駒込5丁目16番7号
営業部　電話 03-3823-9206　FAX 03-3823-9208
編集部　電話 03-3823-9207　FAX 03-3823-9209
振替　00180-7-96823
URL　http://www.toyokan.co.jp
装　　丁：小倉祐介
本文デザイン：宮澤新一（藤原印刷株式会社）
マ ン ガ：百田ちなこ
印刷・製本：藤原印刷株式会社

ISBN978-4-491-04324-1　　Printed in Japan